Marx & Engels

CLASSIC SAYINGS

Nothing Human is
Alien to Me

人所具有的我都具有

陈力丹 编著

马克思恩格斯经典语录

中国人民大学出版社
·北京·

前　言

　　卡尔·马克思（1818—1883）和弗里德里希·恩格斯（1820—1895）是对现代世界产生重大影响的思想家。由于历史的原因，他们（特别是马克思）的形象曾长期被光圈所环绕，需要仰视。现在人们已经感到太累了。换到平视的角度看看我们以前熟悉的马克思和恩格斯，会有一种新奇、亲切的感觉。

　　这里展现的是作为青年、学生、丈夫、家长、朋友、公民、学者、长辈、思想家，总之，是作为普通人的马克思和恩格斯。他们是普通的人，但又是思想非常深邃的人。这本小册子叫"经典语录"，仅从生活角度汇集了他们关于人生观各个方面的名言和极为精粹的哲理性论述，对他们各方面的人生观做了概述。其中的大部分对一般人来说是陌生的。

　　马克思和恩格斯从来没有把自己的话视为指示，当然更没有想过让人们将之奉为圭臬。人们读了这本小册子，也许会发出感慨，会获得温馨的人生教益，会感受到两颗高尚、真诚、合乎人性的温暖的心。

　　对新一代人来说，马克思和恩格斯似乎已经相当遥远；而老一代人，则感到对他们似乎已经十分熟悉。生活中的这两位伟人的思想，会使新一代人感受到一种清新的理性之光；使老一代人更深刻地理解他们所景仰的人。

为了一项研究工作，我通读了 50 卷的中文版《马克思恩格斯全集》。在我做的卡片中，有一小部分——大约 1 000 张——是与学术研究无关但显示马克思和恩格斯人生观的生活格言。我尽可能按照他们的本来思想和实际涉及的问题，将这些格言分为两大类、67 个主题，展开对他们人生观的叙述。这里选取的只是这些卡片的一部分。

任何语录都有断章取义的成分。因此，若对他们的某句话感兴趣，请根据提供的出处，再去翻翻原著。语录的出处标明的是人民出版社 1956—1985 年陆续出版的中文版《马克思恩格斯全集》（新版全集还远没有出齐）的卷、页，个别采用文集本译文的单独做了说明。语录中涉及的人与事，以脚注形式做了简要的解释。

此书文字曾于 2007 年以《人所具有的我都具有——马克思恩格斯人生格言》为题在中国青年出版社出版，经典著作的引文获得中央编译局和人民出版社的授权，这次出版调整了结构布局，但总体内容没有大的变动。语录主要根据中央编译局翻译、人民出版社出版的《马克思恩格斯全集》中文版（1956—1985 年陆续出版）整理。在此向这两个单位表示感谢。

陈力丹

2016 年 3 月 27 日初稿于时雨园

2018 年 1 月 18 日定稿

Nothing human is alien to me

人所具有的我都具有

目 录

Nothing human is alien to me

人所具有的我都具有

第一
部分 │ 认识自己

一、自我认识

01. 马克思的《自白》

卡尔·马克思、弗里德里希·恩格斯，分别出生于 1818 年和 1820 年，距今约 200 年。为什么我们要了解他们的生活观呢？因为除了他们在政治上是马克思主义的创始人外，他们也是普通的人，和我们每个人一样，有自己的家庭，有婚恋，有亲情，有快乐，也有痛苦。

既然他们的经历与我们没有什么差别，那么他们作为思想家对于生活的认识，就可能带给我们对于人生哲理的思考。思想的魅力是不受年代限制的，我们现在不是在谈论读《论语》的心

---

* 书中木刻图出自 1963 年三联书店出版的《马克思恩格斯和第一批无产阶级革命家》和 1957 年人民出版社出版的《回忆马克思恩格斯》。

得吗？那是更为久远的年代——2 500多年前，一个不得志的教育家孔子东奔西走呼吁"克己复礼"时说的一些话，尽管存在争论，但不是还有魅力吗？

读了马克思、恩格斯的生活格言，你会有感触，你会微笑，因为他们说出了富有生活经验的人对社会、对人生的深邃思考。其中能够集中表现他们对待生活态度的，便是他们在19世纪60年代留下的《自白》。

"自白"是19世纪60年代在欧洲一些文化家庭中的孩子们中间兴起的一种高雅的文字游戏，即要求自己所尊重的长辈或兄长回答各种人生问题，且只能使用一两个关键词来回答。孩子们通常会把他们写的"自白"珍藏起来作为一种纪念。尽管是游戏，但长辈或兄长的回答对孩子们的影响是很大的，大人们在回答问题时，常常一半是玩笑，一半很认真。因而，这种游戏相当真实而幽默地反映了大人们的生活观。

马克思和恩格斯那时也写下了多份这样的"自白"。现在读起来，依然能够感受到他们对美好生活的追求、对人性善的赞美、对丑恶的憎恨、对奋斗目标的始终如一，以及对生活和学习的基本态度。

读着马克思、恩格斯的《自白》，他们作为成年人的成熟的思想、明确的生活追求和自强不息的奋斗精神跃然纸上，使人总有一种深入他们思想海洋中探寻的冲动。伟人也是平常的人，虽然他们在细节上表露的思想之深邃，令后人景仰。

马克思留下的《自白》有三份，一份是他在信中回答表妹南尼达·菲力浦斯（Nannette Philips，马克思姨母的女儿，马克思大她19岁）的；一份由马克思的大女儿燕妮保存在自己的纪念册里；还有一份是他二女儿劳拉的手写件，估计是一边问父亲一边记录的。提问的时间、场合不同，所以马克思对个别问题的回答有所不同，但三份《自白》所表达的马克思的基本思路是一致的。

这里以马克思回答南尼达的《自白》为主件，另将燕妮、劳拉保存的《自白》中不同的地方列出。

给表妹南尼达写的回答

您喜爱的优点：

一般人：　　　　纯朴

男人：　　　　　刚强

女人：　　　　　柔弱

您的特点：　　　目标始终如一

您喜欢做的事：　看小尼达 [1]

您厌恶的缺点：　逢迎

您能原谅的缺点：轻信

您对幸福的理解：斗争

您对不幸的理解：屈服

您厌恶的是：　　马丁·塔波尔 [2]

---

[1] 小尼达，即南尼达·菲力浦斯。

[2] 马丁·塔波尔（Martin Tupper，1810—1889），英国诗人，写有许多以空洞教诲为主调的诗。

您喜爱的英雄：　　斯巴达克[1]、刻卜勒[2]

您喜爱的女英雄：　甘泪卿[3]

您喜爱的诗人：　　埃斯库罗斯[4]、莎士比亚[5]、歌德[6]

您喜爱的散文家：　狄德罗[7]

您喜爱的花：　　　瑞香

您喜爱的菜：　　　鱼

您喜爱的格言：　　Nihil humani a me alienum puto〔人所具有的我都具有[8]〕

您喜爱的箴言：　　De omnibus dubitandum〔怀疑一切〕

（回答于 1865 年 4 月 1 日）

第 31 卷 588—589 页

马克思大女儿燕妮保存的马克思的《自白》

---

① 斯巴达克（Spartacus，?—前 71），古罗马奴隶起义领袖。
② 刻卜勒（Johann Kepler，1571—1630），又译为开普勒，德国天文学家，发现行星运动的规律。
③ 甘泪卿，歌德写的悲剧《浮士德》中的女主人公，一个温柔多情的姑娘。
④ 埃斯库罗斯（Aischylos，前 525—前 456），古希腊剧作家。
⑤ 莎士比亚（William Shakespeare，1564—1616），英国戏剧家。
⑥ 歌德（Johann Goethe，1749—1832），德国作家。
⑦ 狄德罗（Denis Diderot，1713—1784），法国哲学家、百科全书派领袖。
⑧ 古罗马喜剧作家 P. 忒伦底乌斯（前 185—前 159）的话。

给女儿燕妮写的回答

（与前重复者略）

您讨厌的：　　　　马丁·塔波尔、堇菜粉

您喜欢做的事：　　啃书本

您喜爱的诗人：　　但丁①、埃斯库罗斯、莎士比亚、歌德

您喜爱的散文家：　狄德罗、莱辛②、黑格尔③、巴尔扎克④

您喜爱的颜色：　　红色

您喜爱的眼睛和头发的颜色：　　黑色

您喜爱的名字：　　燕妮、劳拉

（回答于 1868 年 4 月初）

第 31 卷 709-710 页

给女儿劳拉写的回答

（与前重复者略）

您所心爱的花：　月桂。

（回答于 1865 年）

《回忆马克思恩格斯》第 304 页，人民出版社 1957 年版

　　马克思对普通人的基本要求，选择的是人性中最自然的表

---

① 但丁（Dante Alighieri，1265—1321），意大利诗人。
② 莱辛（Gotthold E.Lessing，1729—1781），德国作家。
③ 黑格尔（Georg W.F.Hegel，1770—1831），德国哲学家。
④ 巴尔扎克（Honore de Balzac，1799—1850），法国作家。

现——纯朴。在市场经济不断侵蚀纯朴的民风之际，他显然更珍视本来意义上的人的品格，喜欢真性情的人，而非被现代社会改造得习惯于戴着假面具的人。因而，见到有权势的人就习惯性地"逢迎"，被他视为现代人的最坏的缺点；他厌恶的人是英国以空洞教诲为主调的诗人马丁·塔波尔，从反面映衬出他对纯朴品格的向往。

马克思（19 世纪 60 年代）

而他最能原谅的缺点，与他所喜爱的优点对应，即"轻信"，这是由于人的纯朴而常在复杂的社会中出现的现象。从中，我们可以看出马克思纯真的人生倾向。

马克思喜爱的男人、女人的优点，分别是"刚强"和"柔弱"，这是一种对性别最强烈的反差认识。作为男人，他对自己的要求是追求始终如一的斗争目标，这正是"刚强"的表现，它并非肉体上的，而是精神上的。马克思一生的奋斗历史已经证明，他是一个堂堂的男子汉。这就如他的小儿女爱琳娜回忆马克思时所说：

交织在他身上的

各种美德，

可以使造物肃然起立，

向全世界宣告：这是一个男子汉！

（《摩尔和将军》第 155 页，人民出版社 1982 年版）

从马克思喜爱的男英雄和女英雄的选择上，同样可以看出

斯巴达克

他对性别认识的强烈反差。男英雄是古代起义领袖斯巴达克和 17 世纪发现行星运行规律的科学家开普勒，战斗、科学，被马克思视为男人的领域。而女英雄则是文学作品中的一位女主人公，即歌德的悲剧《浮士德》中的甘泪卿，一个温柔多情而有魄力的姑娘。她不是以力量，而是以情感胜人。显然，这与我们通常所理解的政治、社会层面的男女平等观念，不完全是一回事。

马克思处于政治斗争、思想斗争的旋涡之中，正是作为刚强的男人，他对"幸福"的理解是"斗争"；对"不幸"的理解是"屈服"，因为这是男人最不能接受的情形。与此对应的对于本人特点的塑造，便是他自己写下的这样一句话——目标始终如一。

作为思想家，马克思表现出强烈的思想独立性，他征引的是古希腊流传下来的名言"怀疑一切"。由于东西方文化的差异，原话很难找到对应的汉语表达。"怀疑一切"并非完全是字面的意思，不是对一切事物不假思索地怀疑，一定程度上可以翻译为"思考一切"。无论如何，对一切事物保留思考、怀疑的权利，是民主社会对于公民的基本要求，特别是思想家、学者，如果对任何事物不假思索地"紧跟快转"，则违背学术研究的基本精神。

在这些《自白》中，马克思也表现出他对女儿的爱、对生活细节的幽默以及自己平常的嗜好。马克思对自己的剖析，也反映在《自白》中，这就是他多次征引的另一句古罗马的名言"人所具有的我都具有"。这句话的内涵，是说每个人都有自身的弱点和痛苦。马克思当时已经成为国际工人运动的领袖，但是他对自己的认识，就是普通的人，很有自知之明。正是这句话，表明了生活中的马克思的一切，他是有血有肉的人，他有自身的弱点，他兼有儿子、丈夫、父亲、朋友、战友、病人等的身份，做得都不会很完美。不完美，恰恰就是我们在他的生活格言中看到的真正的、作为普通人的马克思！

恩格斯应该也有不止一份《自白》，但现在只在马克思大女儿燕妮的纪念册中保留下来一份。

02. 恩格斯的《自白》

给马克思的女儿燕妮写的回答

您喜爱的优点：

一般人：	愉快
男人：	莫管闲事
女人：	善于安置物品

您的特点： 凡事一知半解

您对幸福的理解： 饮 1848 年的沙托 – 马尔高酒 [①]

您对不幸的理解： 找牙科医生

[①] 沙托 – 马尔高是一种葡萄酒品牌。1848 年发生了欧洲革命。

您能原谅的缺点： 各种各样的无节制

您厌恶的缺点： 伪善

您厌恶的是： 矫揉造作、傲慢不逊的女人

您最不喜欢的人物： 斯珀吉昂 [①]

您喜欢做的事： 捉弄人和被人捉弄

您喜爱的英雄： 一个也没有

您喜爱的女英雄： 太多了，一个也举不出来

您喜爱的诗人： "狐狸-莱涅克" [②]、莎士比亚、阿里欧
斯托 [③] 等等

您喜爱的散文家： 歌德、莱辛、扎梅耳松博士 [④]

您喜爱的花： 风铃草

您喜爱的颜色： 任何一种，只要不是苯胺染料

您喜爱的菜：

　　凉菜： 沙拉

　　热菜： 爱尔兰焖肉

您喜爱的格言： 一无所有

您喜爱的箴言： 从容不迫

（回答于 1868 年 4 月初）

第 32 卷 682-683 页

---

① 斯珀吉昂（Charles H. Spurgeon, 1834—1892），英国洗礼教派传教士，狂信者。
② 《狐狸－莱涅克》是歌德写的一首长诗，这里指的是歌德本人。
③ 阿里欧斯托（Lodovico Ariosto, 1474—1533），意大利诗人。
④ 扎梅耳松博士（Adolf Samelson, 1817—1888），给恩格斯治病的德国眼科医生。

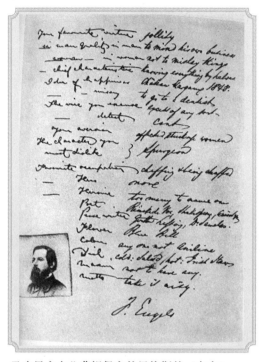

马克思大女儿燕妮保存的恩格斯的《自白》

恩格斯《自白》的风格，与马克思显然不同。他在生活上不拘小节（但对待朋友，总是认真履行自己承诺的事情），因而他所能原谅的缺点是"各种各样的无节制"；他面对困难是个乐天派，因而"愉快"是他对一般人的要求。在命途多舛的市场经济条件下，人应该怎么生活？保持"愉快"的心情，是一种良好选择，包括他喜欢的"捉弄人和被人捉弄"。他喜爱的箴言"从容不迫"、喜爱的格言"一无所有"，同样表现了他面对复杂的生活泰然处之的心态。他在英国曼彻斯特连续做了 20 年欧文－恩格斯纺织公司的办事员和股东，面对商场莫测的变化，养成了这样一种坦然应对变化的良好心态，大不了"一无所有"，一切从头开始！

恩格斯具有 19 世纪欧洲成年男性的标准素质，爱喝酒、打猎，生活极有条理。他关于"幸福"的理解是"饮 1848 年的沙托－马尔高酒"，这其中有幽默，也有他对 1848 年革命时期带领起义军战斗的美好回忆（他是起义中维利希军团的副官）。正是在那个时期他感受到"自由"对一个人的意义。

他关于男人、女人的优点的回答同样表现出某种幽默。男人是"莫管闲事",女人是"善于安置物品",显然指的是生活上各司其职,男人要有男人的风度,女人要发挥女人的特长,不要做"矫揉造作、傲慢不逊的女人"。他喜爱的凉菜和热菜,就是他的前后两位妻子,即爱尔兰女工玛丽·白恩士和莉希·白恩士姐妹经常为他做的菜。他的回答,与马克思关于男人、女人优点的说法虽然不同,但都不涉及政治、社会意义上的男女平等观念。

马克思与恩格斯在知识结构方面长短相济,马克思知识精深,而恩格斯知识广博;马克思喜欢"啃书本",而恩格斯对自己的评价是"凡事一知半解"。这不是指他满足于一知半解,而是他对任何事物都感兴趣,特别是军事。他是马克思对外传播的代表,自如地应对一切,包括对马克思理论的阐述。恩格斯是个记者型的人才,写东西极快,而且思路清晰。恩格斯本人就是一部百科全书,什么都懂一些。有一次他在街上遇到一个来自东方的流浪人,谁也不懂他的话,恩格斯变换了十几种语言,终于与他对上了话,原来他来自北非沙漠的贝都英部落,这个人发现能与自己对话的人,激动得哭了。恩格斯晚年,因为他的秘书路易莎要生孩子,他研读妇科学,竟成为专家,尽管他自己没有孩子。

马克思和恩格斯即使在游戏中也表现了他们对生活的热情和对事业的追求,同时也显示出他们对世界古今文学的熟悉以及与孩子开玩笑时的幽默。

马克思、恩格斯两人在《自白》中表现了各自性格的不同特点。例如，马克思显示出冷静而顽强，恩格斯显示出轻松和从容；马克思显得相对严肃，恩格斯显得相对活跃等。总之，读了他们的生活格言，我们感受到的就是实实在在的生活中的人，也再次验证了马克思所喜爱的那句格言：人所具有的我都具有。

恩格斯画的自己在吊床上悠闲的样子（1840 年）

附：马克思的大女儿燕妮·龙格的《自白》

您最珍重的品德

> 对一般人来说： 博爱
>
> 对男人来说： 精神上的勇敢
>
> 对女人来说： 虔诚

您对幸福的理解： （未填）

你对不幸的理解： （未填）

您最能原谅的缺点： 浪费

马克思的大女儿燕妮·龙格（19 世纪 70 年代）

您最不能容忍的缺点： 嫉妒心

您最讨厌的人： 贵族、僧侣和兵士

您喜欢做的事： 读书

您最厌恶的历史人物： 波拿巴和他的侄儿

您所热爱的诗人： 莎士比亚

您所热爱的散文家： 塞万提斯

您所热爱的作曲家： 亨德尔、贝多芬、瓦格纳

您所喜爱的颜色： 红色

您所喜欢的格言： "忠实于你自己"[1]

您所喜欢的座右铭： 人人为我，我为人人

摘自《人间的普罗米修斯》第 149-150 页，人民出版社 1982 年版

———————————

[1] "忠实于你自己"，见莎士比亚戏剧《哈姆雷特》。

03. 认识自己

怎样认识自己，这是每个人经常要处理的问题。有人过高地估价自己，也有人很自卑，感到自己什么都不行。然而，在人际交往中别人对自己的评价恰恰处于"自己不知"的境地。正由于如此，正确评价自己，是人生的一大问题，处理好了，可以激励自己不断努力；处理不好，也可能会使自己总是桀骜不驯或畏葸不前。

马克思也是普通人，他在大学一年级时与同学打架，眼角留下了伤疤。他在伦敦时，曾因喝醉酒，晚上打掉了伦敦街头的几盏路灯，差点被警察抓住。马克思写出了闻名于世的《资本论》，但是他不会理财，有钱狂花，没钱又陷入极度的苦恼中。这给资助他的恩格斯带来很多麻烦。

恩格斯的自理能力很强，生活很有条理，但也有自己的痛苦。他两次失恋，一次出走到意大利，一次以埋头写作《英国工人阶级状况》才得以自拔。马克思常征引的"人所具有的我都具有"，指的就是认识自己的缺点和困境。

人的自我意识具有最高的神性。不应该有任何神同人的自我意识相并列。

马克思，第 40 卷 190 页

一个人就其自身来说，他的价值不比别人大，也不比别人小。

马克思，第 26 卷 Ⅲ 册 495 页

青年马克思（素描）

每个人有时都有他自己的怪癖和"人所具有的"东西，等等。

马克思，第 28 卷 314 页

如果我有哪一点对不起你，那我随时准备承认自己的错误。"人所具有的我都具有。"

马克思，第 30 卷 451 页

我的道路也不是铺满了玫瑰花。

马克思，第 28 卷 289 页

不能让自己受自己的情绪"支配"！

恩格斯，第 27 卷 19 页

我的恋爱可悲地结束了。别让我作无聊的解释了吧，反正已经无法挽回了，而这样的事也够我受了。我感到高兴，我至少又能重新工作了。要是我把这些杂七杂八的事全都告诉你①，那就要浪费掉一个晚上。

恩格斯，第 27 卷 17 页

如果我不是每天要把英国社会中最可怕的事情写进我的书②里，我想我也许会有些颓唐起来，而这件事至少是把我的愤怒保持在沸腾状态。

恩格斯，第 27 卷 21 页

我坦率地承认，我像是一个坐在火药桶上的人，让环境来支配自己，而一个有理智的动物是不应该这样做的。

马克思，第 30 卷 633 页

培根③说，真正杰出的人物，同自然界和世界的联系是这样多，他们感到兴趣的对象是这样广，以致他们能够轻松地经受任

---

① 马克思。
② 《英国工人阶级状况》。
③ 弗朗西斯·培根（Francis Bacon，1561—1626），英国哲学家。

何损失。我不属于这样的杰出人物。我的孩子①的死震动了我的心灵深处，我对这个损失的感受仍像第一天那样的强烈。

马克思，第 28 卷 626 页

马克思的第一个孩子埃德加尔

我不像在其他事情上那么坚强，家庭的不幸②常常使我十分难过。一个人像我这样在几乎完全与世隔绝的状态下生活的时间越长，精神生活的圈子就越窄。

马克思，第 33 卷 639 页

事实上，我的不幸给你③带来无穷的麻烦，简直使我无法忍受！但愿我终能找到一个什么事情做做！我的朋友，任何理论都是灰色的，唯有事业才常青④。可惜，我信服这一点为时太晚了。

马克思，第 30 卷 281 页

① 埃德加尔·马克思（1847—1855），马克思的第一个孩子，男孩，8 岁因病逝世。
② 指马克思的外孙沙尔·龙格（1873—1874）夭折。
③ 恩格斯。
④ 套用歌德的悲剧《浮士德》第一部第四场《浮士德的书斋》中的对话。

04. 反思

　　马克思和恩格斯不论是在顽强的奋斗中，还是在一片赞誉声中，始终保持着对自身的正确认识，也就是我们常说的"人贵有自知之明"。没有对自己的正确认识，很可能在失败时感到自己一无是处，顺利时又会感到十全十美。马克思和恩格斯从来没有把自己看作高于普通人的神，而是对自己的弱点和特长都把握得很准。他们一生的友谊，便是建立在各自弱点和长处互补基础上的。

　　每个人一生中都会有波折，关键在于能够正确地认识自己。古希腊神殿上有一句话：认识你自己。马克思和恩格斯是实践这一格言的人。下面他们的话便是证明。

我还有这样一个特点：要是隔一个月重看自己所写的一些东西，就会感到不满意，于是又得全部改写。

马克思，第 30 卷 617 页

同在历史的发展中初露头角的令人震惊的幽默相比，我们那一点点机智又算得了什么呢！

恩格斯，第 38 卷 392 页

青年恩格斯（素描，恩格斯本人作并签名）

生活中往往会有这样的时机，它好像是表示过去一段时期结束的界标，但同时又明确地指出生活的新方向。

在这样的转变时机，我们感到必须用思想的锐利目光去观察今昔，以便认清自己的实际状况。而世界历史本身也喜欢把视线投向过去，并回顾自己，这往往使它显得是在倒退和停滞；其实它只是好像坐在安乐椅上深思，想了解自己，从精神上了解自己的活动——精神活动。

马克思，第 40 卷 8 页

二、人性与发展

05. 投入新生活

人应该持有何种基本的生活态度？积极投身社会，顽强奋斗，还是放松对自己的要求，没有目标地随波逐流？以积极的态度去面对生活的种种磨难，这是马克思和恩格斯的基本的生活态度。他们也有情绪低沉的时候，也有一时难以自拔的境地，但是他们的优点在于，有一种奋斗理想永远鼓舞着他们，以乐观的心态面对困难，以诙谐的语调谈论挫折。把斗争视为生活本身，于是生活就成为挑战的对象，他们能够一生积极地投身其中。

下面的格言和诗句，都是马克思和恩格斯年轻时写的，表现了他们朝气蓬勃的生活态度。人对生活的态度，常常从年轻时代就奠定了基础。

哲学家们只是用不同的方式**解释**世界，问题在于**改变**世界。

马克思，第 3 卷 8 页

工作，生活，青年人的勇敢精神——这才是实在的！

恩格斯，第 41 卷 575 页

最先朝气蓬勃地投入新生活的人，他们的命运是令人羡慕的。但愿我们的命运也同样如此。

马克思，第 1 卷 408 页

"最有害的事莫过于劝人相信存在着一种超人的力量，在这个力量面前，理性必须默不作声，并且，要是你想成为一个幸福的人，就必须为这个力量牺牲在这地上的一切。"[1]

马克思征引，第 40 卷 282 页

青年马克思（1836 年的木刻）

我不能安安静静地生活，

　　假如整个心灵都热气腾腾；

———

[1] 法国哲学家 P. 霍尔巴赫 (1723—1789) 的话。

我不能昏昏沉沉地生活，
既没有风暴也没有斗争。

让别人享受到
远离战斗呐喊的欢欣，
让温雅的祝愿与感恩的祈祷，
给别人带来其甘如饴的感情。

我的命运就是投身于斗争，
永恒的热情在我胸中沸腾，
我感到生活的圈子太窄，
随波逐流使我觉得可憎。

马克思，第 40 卷 454-455 页

我们都深恶痛绝那种永无休止的思前虑后，那种对敢作敢为的市侩式恐惧。我们要走出去，跨入自由的天地，冲决谨小慎微的束缚，为夺取生活的桂冠，为有所作为而奋斗。

恩格斯，第 41 卷 142 页

后退——这事儿我才不干，
这字眼——我连看都不看。

为了达到目的，

我愿和风浪搏斗，

甚至烈火的威风

也会被我制服。

即使和我一起战斗的人，

一个个全都牺牲；

即使他们全都意志消沉，

对付任何力量我还是能够胜任！

马克思，第 40 卷 475-476 页

06. 榜样

榜样的力量虽然不可能是无穷的，但很重要。马克思和恩格斯在生活中为自己树立了很多榜样。选择什么样的人做榜样，往往决定了一个人以何种方式生活。

马克思选择的五个人是勒瓦瑟尔、科贝特、欧文、列列韦尔、梅利奈。他们是不同时代、不同国家和不同身份的社会名流，但有一个共同的特点，即在生活经历方面都有太多的磨难，然而革命意志始终没有衰退过，到中晚年才在社会政治方面成就大业。

恩格斯谈到的瑞士将军杜福尔，则是一位十分低调、军事技术扎实、战功卓越的将军。工作踏实而不张扬，这正是恩格斯为人的特点。

青年欧文和他的"新世界"

我至今始终确信，凡是真正坚强的人——举例来说罢，如老勒瓦瑟尔①、科贝特②、罗伯特·欧文③、列列韦尔④、梅利奈将军⑤——一经踏上革命的道路，即使遇到失败，也总是能从中汲取新的力量，而且在历史的洪流中漂游得愈久，就变得愈坚决。

马克思，第 30 卷 522 页

列列韦尔、老勒瓦瑟尔、科贝特（从左至右）

---

① 老勒瓦瑟尔（Rene Levasseur, 1747—1834），雅各宾党人，《法国大革命回忆录》的作者。
② 科贝特（William Cobbett, 1762—1835），英国新闻工作者。
③ 罗伯特·欧文（Robert Owen, 1771—1854），英国空想社会主义者。
④ 列列韦尔（Joachim Lelewel, 1786—1861），波兰历史学家和革命活动家。
⑤ 梅利奈（Francois Mellinet, 1768—1852），比利时民主主义者。

斯巴达克是整个古代史中最辉煌的人物。一位伟大的统帅
（不像加里波第[①]），高尚的品格，古代无产阶级的真正代表。

马克思，第 30 卷 159 页

加里波第

突然，会场鸦雀无声，谈话和走动顿时停止。出现了一种庄严的静寂。全体与会者的目光都注视着一位没有髭须、秃头、鹰鼻的老头，他用法语开始了自己的发言。这个小老头身穿普通的黑西装，文人打扮，极像学者。他那富于表情的面孔，锐利的炯炯目光很引人注意。这正是**杜福尔**[②]将军，就是那位靠自己的深谋远虑的战略，几乎没有流血就把宗得崩德[③]镇压下去了的杜福尔。……真的，联邦代表会议做了正确的选择，找到了合适的人材。

可是，当你听杜福尔发言时，你才会真正感到惊讶呢。这位一生中只从事建立炮兵学校、起草操作规程、视察炮台，从未

---

① 加里波第（Giuseppe Garibaldi，1807—1882），意大利民族解放运动的领袖之一，组织过军事远征。
② 杜福尔（Guillaume Henri Dufour，1787—1875），瑞士将军、国民会议议员（1848—1849）。
③ 1843 年瑞士七个天主教州的联盟，反对瑞士实行民主改革。1847 年瑞士联邦军队击溃了该联盟的军队。

参与议会辩论，而且从未当众作过演说的工程部队的老军官，在这里发言时却表现了惊人的镇定、轻松，用语精辟、确切、明了。在瑞士国民院中，没有人能和他匹敌。

杜福尔将军

……杜福尔的演说天才，他发言的平易近人以及他所引用的确凿论据，使所有到会的人都惊讶不已。

恩格斯，第 6 卷 111—113 页

07. 斗争和独立意识

马克思特别喜欢大海，喜欢大海的波涛；恩格斯也喜欢大海，以至要求将自己的骨灰沉入大海。因为他们愿意像岩石一般，接受大海的洗礼。马克思谈到克罗地亚沿海的水手如何迎战风暴，他书房里挂的一幅画便是海神屹立于大海之中，这些隐喻不正是他和恩格斯生活态度的写照吗？

马克思和恩格斯都具有强烈的思想独立性，不会屈从于任何外部压力甚至是党内规则的压力，而放弃自己的原则，这构成了他们的生活态度的精神方面的特征。

他们都不靠血缘关系在社会上生活。马克思是实际上的长子（他的哥哥两岁死亡），他父亲希望他继承自己的律师事业；恩格斯是长子，甚至他父亲给他起的名字与自己完全相同，为的是让他继承自己的纺织产业。但是，他们对长子继承权给予了批判，因为这与青年人独立生活的原则相悖。在这个意义上，我们要向马克思和恩格斯学习的一点，恐怕就是从年轻时代起就要为自己确定独立人生的榜样。

马克思的书房（墙上挂着海神的油画）

伊斯的利亚和达尔马戚亚海岸① 由于有很深的海湾，有荒野的岩岛，有大量的浅滩和优越的天然港，便成了培育身体强壮、大胆无畏、受过几乎每天都在亚得利亚海上咆哮的大风浪锻炼的优秀水手的头等地方。这里海上的大祸害 Bora② 总是来得非常突然，它掀起旋风式的风暴来袭击水手，只有最有锻炼的水手才能在甲板上呆得住。这种风暴有时一连不停地发作几个星期，受害最大的地区正好在卡塔罗港和伊斯的利亚南端之间。但是，达尔马戚亚人由于从小就习惯于同这种大风暴作斗争，所以在它的猛

——————————
① 现在克罗地亚共和国沿海一带。
② 布拉风（强烈的东北风）。

烈袭击下他们只能锻炼得越发坚强，而把其他海洋上的一般风暴完全不放在眼里。这样，空气、陆地和海洋就共同培育出了这一带海岸上的坚强而沉着的水手。

马克思，第 12 卷 99 页

塔西佗

当你能够感觉你愿意感觉的东西，能够说出你所感觉到的东西的时候，这是非常幸福的时候。[1]

马克思征引，第 1 卷 31 页

没有自由对人说来就是一种真正的致命的危险。

马克思，第 1 卷 74 页

我根本不可能写得适合反社会党人法[2]的要求。正如路德[3]说的：宁可让我去见鬼，我也不能改变！

恩格斯，第 36 卷 144 页

规定的自我检查制度，要比旧的官方检查制度坏一千倍。

恩格斯，第 36 卷 62 页

即使抛开金钱问题不谈，做隶属于一个党的报纸的编辑，对

---

[1] 古罗马历史学家 P. 塔西佗 (55—120) 的话。
[2] 1878—1890 年德国俾斯麦政府实行的一项禁止社会党人的法律。
[3] 路德（Martin Louther，1483—1546），德国宗教改革领袖。

任何一个有首倡精神的人来说，都是一桩费力不讨好的差事。马克思和我向来有一个共同的看法：我们**永远**不担任这种职务，而只能办一种在金钱方面也不依赖于党的报纸。

恩格斯，第 38 卷 517 页

任何一个**存在物**只有当它用自己的双脚站立的时候，才认为自己是独立的，而且只有当它依靠自己而**存在**的时候，它才是用自己的双脚站立的。靠别人恩典为生的人，把自己看成一个从属的存在物。

马克思，第 42 卷 129 页

普罗米修斯（比喻马克思主编的《莱茵报》被查封的漫画，1843 年）

没有长子继承权的人，得跟生活的急流搏斗，投入波涛澎湃的大海，得从大海的深底去捞取普罗米修斯①的权利的明珠，在这种人的眼前，思想的内在形象就会显示出其全部瑰丽壮观，他就更勇于去创造，而长子继承权的享有者，只允许往自己身上洒几滴水珠，唯恐关节脱骱，于是就坐进浴盆。

马克思，第 40 卷 726 页

---

① 古希腊神话中的神之一，因盗取天火给人类而受到主神宙斯的惩罚。

08. 忠于事业

马克思和恩格斯是革命家，在革命工作与私事发生矛盾的时候，他们一向把事业放在第一位。在这方面，马克思常因自己从事的工作连累家人而感到愧疚。可能有人不赞成这种生活安排，但是他们一如既往投身既定事业的精神，难道不值得钦佩吗？

我已经把我的全部财产献给了革命斗争。我对此一点不感到懊悔。相反地，要是我重新开始生命的历程，我仍然会这样做，只是我不再结婚了。

马克思，第 31 卷 521 页

至于个人的生活，依我看，我是在过着所能想象到的最不幸的生活。这没什么！对有志于社会事业的人来说，最愚蠢的事一般莫过于结婚，从而使自己受家庭和个人生活琐事的支配。

马克思，第 29 卷 274 页

我宁愿被埋葬在百丈深渊之下，也不愿这样苟延残喘。老是牵累别人，同时自己也总是疲于同卑微的日常琐事作战，长此以往，实在难以忍受。

马克思，第 29 卷 256-257 页

一个已献身于这个事业[①]这么多年的人，从这个事业中能得到极大的乐趣。

恩格斯，第 34 卷 271 页

在马克思家做客
作者：尼·尼·茹可夫

我为什么不给您[②]回信呢？因为我一直在坟墓的边缘徘徊。因此，我不得不利用我还能工作的**每**时**每**刻来完成我的著作[③]，为了它，我

———————————

① 共产主义事业。
② L. 库格曼（1830—1902），德国医生，马克思的朋友。
③ 《资本论》。

已经牺牲了我的健康、幸福和家庭。我希望，这样解释就够了。我嘲笑那些所谓"实际的"人和他们的聪明。如果一个人愿意变成一头牛，那他当然可以不管人类的痛苦，而只顾自己身上的皮。但是，如果我没有全部完成我的这部书（至少是写成草稿）就死去的话，我的确会认为自己是**不实际的**。

马克思，第 31 卷 543–544 页

马克思和恩格斯（德国历史博物馆存）

我日常生活中的一些麻烦事所以使我感到恼火，主要是因为这些事情妨碍我去最后完成我的著作，而不是由于任何个人的或家庭的原因。如果明天我愿意去找一个有收入的职业，而不为我们的事业工作的话，那末明天我就能结束这种状况。

马克思，第 31 卷 530 页

半辈子依靠别人，一想起这一点，简直使人感到绝望。这时唯一能使我挺起身来的，就是我意识到我们两人从事着一个合

伙的事业，而我则把自己的时间用于这个事业的理论方面和党的方面。

马克思，第 31 卷 135 页

丧失工作能力对于任何一个不愿意当牲畜的人来说，事实上等于宣判死刑。

马克思，第 33 卷 636 页

我只不过是一架机器，注定要吞食这些书籍，然后以改变了的形式把它们抛进历史的垃圾箱。这也是一种相当枯燥的工作，但毕竟比格莱斯顿① 好些，他不得不日日夜夜去苦心体会一种叫作"严肃性"的"心情"。

马克思，第 32 卷 533 页

---

① 格莱斯顿（William E.Gladstone，1809—1898），当时为英国首相。

09. 为人类服务

何为高尚？何为卑鄙？何为正义？何为邪恶？人总要面临各种有关社会道德的价值判断。马克思和恩格斯认为，高尚就在于为人类服务。

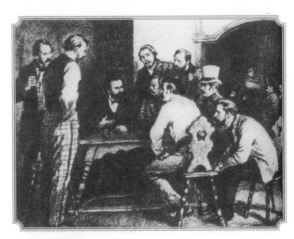

马克思在德国工人中间

人类的天性本来就是这样的：人们只有为同时代人的完美、为他们的幸福而工作，才能使自己也达到完美。

　　如果一个人只为自己劳动，他也许能够成为著名学者、大哲人、卓越诗人，然而他永远不能成为完美无疵的伟大人物。

　　历史承认那些为共同目标劳动因而自己变得高尚的人是伟大人物；经验赞美那些为大多数人带来幸福的人是最幸福的人。

马克思，第 40 卷 7 页

　　能给人以尊严的只有这样的职业，在从事这种职业时我们不是作为奴隶般的工具，而是在自己的领域内独立地进行创造。

马克思，第 40 卷 6 页

　　在我们能够为某一件事做些什么以前，我们必须首先把它变成我们自己的事，利己的事，——因此，从这个意义上说，抛开一些可能

马克思和恩格斯在国际工人协会的会议上
作者：尼·尼·茹可夫

的物质上的愿望不管，我们也是从利己主义成为共产主义者的，想从利己主义成为人，而不仅仅是个人。

恩格斯，第 27 卷 12 页

10. 最可怕的莫过于做奴隶的奴隶

与"高尚"相反的种种表现，则是"卑鄙"，包括自私、贪欲、逢迎，特别是做奴隶的奴隶等。马克思和恩格斯最厌恶的是各种"自贱"行为和思想。

"卑鄙"是一种简单的道德评价。马克思同时也从宏观的历史角度，给予不同形态的"卑鄙"以必要的历史性肯定。

马克思和恩格斯生活在追求交换价值的环境中，有时需要金钱就像鹿渴求清泉一样紧迫。但是，他们绝不允许自己异化为金钱的奴隶。这也是他们作为思想家的可贵之处。恩格斯继承了父亲的部分资产，在他逝世前夕，将几乎全部遗产以不同的方式贡献给了科学社会主义的事业。他是无私的人，高尚的人。

马克思鄙视那些靠政治投机过活的人。例如一个叫卡尔·福格特（Karl Vogt，1817—1895）的德国自然科学家，1848年欧洲革命时期他在政治上属于左派，革命失败后秘密投靠了法国皇帝路易·波拿巴。马克思根据他的许多表现，一直怀疑他是法国皇帝的间谍并写了一本揭露他的书《福格特先生》。果然，法兰西第二帝国垮台后从政府文件中发现了他领取间谍津贴的证据。

高尚的人，恩格斯就是一个典型；卑鄙的人，福格特则是一个典型。他们是马克思和恩格斯关于高尚与卑鄙论述的不同化身。

卡尔·福格特

路易·波拿巴

天下最可怕、最卑贱的事，莫过于做奴隶的奴隶。

马克思，第6卷 177—178 页

难道"最卑贱的"奴隶不同时也是"最顺从的"奴隶吗?

马克思和恩格斯,第 3 卷 354 页

庸人社会所需要的只是奴隶,而这些奴隶的主人并不需要自由。虽然,人们认为土地和奴隶的主人优越于其他一切人而称他们为主人,但是他们和他们的奴仆一样,都是庸人。

…………

庸人所希求的生存和繁殖(歌德说,谁也超不出这些),也就是动物所希求的。

…………

那些不感到自己是人的人,就像繁殖出来的奴隶或马匹一样,完全成了他们主人的附属品。世袭的主人就是这个社会的一切。这个世界是属于他们的。

马克思,第 1 卷 409 页

博取权贵的欢心,并非无上的荣誉。[1]

马克思征引,第 14 卷 623 页

普遍的和作为权力形成起来的**忌妒**,是**贪欲**所采取的并且仅仅是用**另一种**方式来满足自己的隐蔽形式。一切私有财产,就它本身来说,**至少**都对**较富裕**的私有财产怀有忌妒和平均化欲望,这种忌妒和平均化欲望甚至构成竞争的本质。粗陋的共产主义不

---

[1] 古罗马诗人 Q. 贺雷西(公元前 65 年—公元 8 年)的话。

过是这种忌妒和这种从**想象的**最低限度出发的平均化的顶点。

马克思，第 42 卷 118 页

没有比自私的逻辑更恶劣的东西了。

马克思，第 1 卷 160 页

社会的肮脏事使一个坚强的人不可能为私事而烦恼，这是真正的幸事。

马克思和恩格斯
作者：尼·尼·茹可夫

马克思，第 27 卷 428-429 页

正如一般说来运动必然战胜不动，公开的、自觉的卑鄙行为必然战胜隐蔽的、不自觉的卑鄙行为，**贪财欲**必然战胜**享乐欲**，公然无节制的、圆滑的、**开明的**利己主义必然战胜地方的、世故的、呆头呆脑的、懒散的、幻想的、**迷信的利己主义**，**货币**必然战胜其他形式的私有财产一样。

马克思，第 42 卷 110 页

11. 不可收买

　　每个人都不可能脱离现实市场经济这个以利益为衡量标准的社会。"高尚"的价值判断标准是精神性的，超越时代的局限；关键是要认识到现实环境对人的种种控制或制约，在这种情形下，人才可能"过着自己的真正的、人的生活"。这是马克思对高尚者的精神要求，他最不能容忍的是科学家屈服于权势。认识到人的自由高于一切并且竭力争取这种自由，这是个人品德最有力的体现。

　　如果自由永远不会不被人所珍视，不自由的一般状态的例外就更加可贵了。

马克思，第 1 卷 74 页

不可收买是**最崇高的政治美德**，是抽象的美德。

马克思，第 1 卷 374 页

一个认识到自己在法、政治等等中过着外化①生活的人，就是在这种外化生活本身中过着自己的真正的、人的生活。因此，与自身相**矛盾**的，既与知识又与对象的本质相矛盾的自我肯定、自我确证，是真正的**知识**和真正的**生活**。

马克思，第 42 卷 172 页

如果一个哲学家不认为把人看作动物是最可耻的，那么他就根本什么都理解不了。

马克思，第 40 卷 85—86 页

一个人如果力求使科学去**适应**不是从科学本身（不管这种科学如何错误），而是从**外部**引出的、与科学**无关的**、由外在利益支配的观点，我就说这种人"**卑鄙**"。

马克思，第 26 卷 II 册 126 页

一些科学的解释家一旦充当统治阶级的献媚者时就不可救药

---

① 外化（Entausserung），与异化（Entfremdung）意思相同，指的是人被自己创造出来的东西所束缚。

地堕入愚昧的境地。

马克思，第 47 卷 219 页

马克思夫妇与海涅
作者：尼·尼·茹可夫

海涅①骂他的应声虫骂得很对："我播下的是龙种，而收获的
却是跳蚤。"

马克思和恩格斯，第 3 卷 604 页

① 海涅（Heinrich Heine，1797—1856），德国诗人和作家。

12. 服从真理

品格，人的素质和德行的综合表现，又称品行、品性。对品格的评价本身，亦表现出当事人自己的品格。马克思和恩格斯正面谈到的品格，似乎太简洁了，但却有力量，赋予正派人与邪恶斗争的勇气。

他们服从真理，而不是要真理服从自己，这是一种很高的精神境界。从这种境界出发，他们可以为了捍卫真理而牺牲自己。

马克思二女儿劳拉和她丈夫、法国工人党理论宣传家拉法格，作为职业革命家，将一切献给了工人阶级的解放事业。在他们因身体、年龄原因不能再为党工作，反而需要党费来供养的时候，毅然双双自杀。这种做法显然不可取，但是他们无私的境界令人钦佩。

真理像光一样，它很难谦逊；而且要它对谁谦逊呢？对它本身吗？真理是它自己和虚伪的试金石①。

··········

……真理是普遍的，它不属于我一个人，而为大家所有；真理占有我，而不是我占有真理。

马克思，第 1 卷 6-7 页

马克思的二女儿
劳拉·拉法格

作家绝不把自己的作品看做**手段**。作品就是**目的本身**；无论对作家或其他人来说，作品根本不是手段，所以在必要时作家可以为了**作品的生存**而牺牲**自己个人**的生存。

马克思，第 1 卷 87 页

---

① 引自荷兰哲学家 B. 斯宾诺莎（1632—1677）《伦理学》第 2 部分第 43 命题。

13. 不抱偏见

公开、公正，亦是马克思和恩格斯所要求的人的品格。他们把伪善视为最大的罪恶。他们不会随声附和任何人，不做机会主义者，但随时准备服从真理。

同秘密行动的批评家的品性比较起来，公开出现的批评家的品性从一开始就应该受到不抱偏见的人们的更大尊敬。

马克思，第 1 卷 20 页

批判的第一个条件——不抱偏见。

恩格斯，第 21 卷 219 页

红衣主教阿尔贝罗尼①谈奥伦治的威廉②的一番话："当这个人握住天平的时候，他是强有力的；但从他把自己投到天平的一端的时候起，他就软弱无力了。"

马克思，第 11 卷 79 页

一种重要的品质——始终如一。

马克思，第 13 卷 560 页

恩格斯（19 世纪 60 年代）

最大的罪恶——伪善。

马克思，第 1 卷 78 页

我厌恶任何矫揉造作、任何虚荣和自负的表现。

马克思，第 29 卷 371 页

毅力和实力的征象——不随和。

马克思，第 11 卷 189 页

---

① 阿尔贝罗尼（Giulio Alberroni，1664—1752），西班牙人。
② 奥伦治的威廉（William Ⅲ of Orange，1650—1702），即威廉三世，尼德兰总督和英国国王。

14. 勇敢

"勇敢"（并非仅在军事意义上）通常被视为人的一种品行。然而马克思和恩格斯对勇敢的要求却不止于勇敢本身，要求卓越、智慧和精神上战胜对手的气概。

勇敢是一种不值得一谈的最普通的品质，仅仅一种单纯的勇敢并不比单纯的**善良意志**有价值。

恩格斯，第 9 卷 551-552 页

有两种勇敢：卓越的勇敢和智慧贫乏的勇敢，后者从自己的官职中，从它在斗争时可以使用特权武器等等这种意识中汲取力量。

马克思和恩格斯，第 6 卷 359 页

战胜勇敢的敌人比战胜胆小鬼更光荣。

恩格斯，第 44 卷 214 页

15. 人的深邃意义

　　人来到社会，会有各种不同的身份，但是最根本的身份是人，自然的，有血有肉、有思想的人。人的全面、健康的发展，是每个人应该追寻的目标，这也是科学社会主义所追求的社会目标。

　　人的身心的全面发展，而非畸形发展，是马克思和恩格斯最为关注的问题。人的价值高于任何人造物和自然物的价值，人的思维是任何动物无法比拟的。在这个意义上，他们看重人本身的价值。

人比公民以及人的生活比政治生活意义更加深邃。

马克思，第 1 卷 487 页

天性即使从门口被赶出去，又会从窗口跑回来。

马克思，第 4 卷 326 页

"即使是一个恶徒的犯罪思想，也要比天堂里的奇迹更伟大更崇高。"①

马克思征引，《摩尔和将军》第 96 页，人民出版社 1982 年版

动物只是按照它所属的那个种的尺度和需要来建造，而人却懂得按照任何一个种的尺度来进行生产，并且懂得怎样处处都把内在的尺度运用到对象上去；因此，人也按照美的规律来建造。

马克思，第 42 卷 97 页

人不仅通过思维，而且以**全部**感觉在对象世界中肯定自己。

马克思，第 42 卷 125 页

代替那存在着阶级和阶级对立的资产阶级旧社会的，将是这样一个联合体，在那里，每个人的自由发展是一切人的自由发展的条件。

马克思和恩格斯，《马克思恩格斯文集》第 2 卷 53 页

---

① 德国哲学家 G. 黑格尔（1770—1831）的话。

马克思的出生证

柏林大学校内的马克思头塑

　　自由王国只是在由必需和外在目的规定要做的劳动终止的地方才开始；……自然必然性的王国会随着人的发展而扩大，……在最无愧于和最适合于他们的人类本性的条件下来进行这种物质交换。……在这个必然王国的彼岸，作为目的本身的人类能力的发展，真正的自由王国，就开始了。

马克思，第 25 卷 926-927 页

16. 打破异化

我们都知道马克思和恩格斯是旧社会的批判者。他们所批判的是什么呢？是那个社会扭曲人性，使每个人畸形发展，以适应大工业生产的要求。人创造了大工业和新的生产方式，以及无数产品，现在却要受到自己创造出来的东西的控制，马克思称这种现象为人性或人的"异化"。

如今的社会已经被传播科技的巨大发展所控制，整个社会媒介化。在某种意义上，我们处于一种新的异化环境中。各种新传媒是人的创造物，现在人却在很大程度上受到自己的创造物的控制。

如果认识不到人被自己所创造的东西所控制，这时的人便成为自己创造出来的东西的奴隶。打破这种异化，寻求人的解放之路，马克思和恩格斯为此奋斗了一生。

如果这个人的生活条件使他只能牺牲其他一切特性而单方面地发展某一种特性，如果生活条件只提供给他发展这一种特性的材料和时间，那末这个人就不能超出单方面的、畸形的发展。任何道德说教在这里都不能有所帮助。并且这个受到特别培植的特性发展的方式如何，又是一方面决定于为他的发展所提供的材料，另一方面决定于其他特性被压抑的程度和性质。

马克思和恩格斯，第 3 卷 295-296 页

现代社会内部分工的特点，在于它产生了特长和专业，同时也产生职业的痴呆。

勒蒙特①说："我们十分惊异，在古代，一个人既是杰出的哲学家，同时又是诗人、演说家、历史学家、牧师、执政者和战略家。这样多方面的活动使我们吃惊。现在每一个人都在为自己筑起一道藩篱，把自己束缚在里面。我不知道这样分割之后集体的活动面是否会扩大，但是我却清楚地知道，这样一来，人是缩小了。"

马克思，第 4 卷 171-172 页

独立于自然界和精神的**特定概念**、普遍的**固定的思维形式**，是人的本质普遍异化的必然结果。

马克思，第 42 卷 177 页

人把自己的愿望、活动以及同他人的关系看作是一种不依赖

———————————

① 勒蒙特（Pierre-Edouard Lemaitre，1762—1826），法国历史学家。

于他和他人的力量。这样，他的奴隶地位就达到极端。

马克思，第 42 卷 19 页

恩格斯 20 岁时留着胡子进行宫廷礼节训练时的画像（作者是恩格斯在不来梅学徒时的同龄朋友 G. 法伊斯特科恩）

　　我仍然保持我的老样子，不亢不卑，也不会为了取悦于任何一个国王而剃掉胡子。我的胡子现在正欣欣向荣，而且还在长，我毫不怀疑，如果春天我有幸在曼海姆同你[①]饮酒，那时你将因它的丰姿神采而大吃一惊。

恩格斯，第 41 卷 594 页

---

① 恩格斯的妹妹玛丽亚（1824—1901）。

17. 环境与人

　　每个人未来的发展能力在起点上的差异是微不足道的，主要由于后天的影响才出现很大的不同，这是马克思考察人性的一个重要视角。从另一个角度看，如果后天的环境过于优越，也会使人的发展停滞。

　　从人性发展的角度，马克思和恩格斯倡导人的创造性和思想的多元，认为这是人性健康发展之路。要求思想一律，无异于扼杀人的创造力。正是在这个意义上，他们都强调尊重每个人思维和表达的不同风格。

搬运夫和哲学家之间的原始差别要比家犬和猎犬之间的差别小得多，他们之间的鸿沟是分工掘成的。[①]

马克思转述，第 4 卷 160 页，参见第 42 卷 145 页、第 47 卷 312 页

马克思的故居（特里尔）

过于富饶的自然"使人离不开自然的手，就像小孩子离不开引带一样。"[②] 它不能使人自身的发展成为一种自然必然性。

马克思，第 23 卷 561 页

人奉献给上帝的越多，他留给自身的就越少。

马克思，第 42 卷 91 页

当一个人专为自己打算的时候，他追求幸福的欲望只有在非常罕见的情况下才能得到满足，而且决不是对己对人都有利。他

---

① 英国经济学家亚当·斯密（1723—1790）的话。
② 套用德国诗人 F. 施托尔贝格（1756—1819）的诗句。

需要和外部世界来往，需要满足这种欲望的手段：食物、异性、书籍、谈话、辩论、活动、消费品和操作对象。

恩格斯，第 21 卷 331 页

最妙的是下面这个规定：十二个陪审员的裁定必须一致。

他们被关在一间房子里，在未得出一致决定或法官确信他们不能取得一致意见以前，不放他们出来。但这是十分不近人情和极端违反人类本性的做法，因为要求十二个人对某一问题的意见完全相同，那简直是开玩笑。

恩格斯，第 1 卷 700 页

从事写作要比翻译别人的东西更为愉快和必要。

恩格斯，第 38 卷 256 页

我所追求的不是优美的叙述，而只是写出我平素的风格。

马克思，第 29 卷 546 页

"风格就是人。"①可是实际情形怎样呢！法律允许我写作，但是我不应当用**自己的**风格去写，而应当用另一种风格去写。我有权利表露自己的精神面貌，但首先应当给它一种指定的**表现方式**！……指定的表现方式只不过意味着"强颜欢笑"而已。

---

① 法国博物学家 G. 布丰（1707—1788）的话。

你们^①赞美大自然悦人心目的千变万化和无穷无尽的丰富宝藏，你们并不要求玫瑰花和紫罗兰散发出同样的芳香，但你们为什么却要求世界上最丰富的东西——精神只能有**一种**存在形式呢？……每一滴露水在太阳的照耀下都闪耀着无穷无尽的色彩。

马克思，第 1 卷 7 页

法国博物学家布丰（又译毕丰）

风格即其人，而且可以说：风格即文学。

恩格斯，第 41 卷 75 页

---

① 普鲁士书报检查令的制定者。

18. 为增加享受而斗争

人活着是为了享受人生，这本来是无可非议的。但在过去党的指导思想发生"左"倾错误的时期，追求生活的享受与"资产阶级"挂起钩来，似乎一提享受就是资产阶级。这在逻辑上存在问题：似乎人活着是为了吃苦，自己的享受只能表现为他人偶然来为自己做好事。共产主义的目标，就是使所有人都能够得到更高级的享受。正如恩格斯所征引的：人不仅为生存而斗争，而且为享受，为增加享受而斗争，为高级享受而放弃低级享受。

迄今为止的一切等级和阶级的享乐一般说来一定或者是孩子般的、令人厌倦的或者是粗陋的，因为所有这些享乐总是同个人的全部生活活动和生活的真正内容脱离的，因而多少可以归结为：假想的内容加在毫无内容的活动之上。

马克思和恩格斯，第 3 卷 490 页

"人不仅为生存而斗争，而且为享受，**为增加自己的享受**①而斗争……准备为取得高级的享受而放弃低级的享受。"②

恩格斯征引，第 34 卷 163 页

国际工人协会成立大会（1864 年）

人越是通过自己的劳动使自然界受自己支配，神的奇迹越是由于工业的奇迹而变成多余，人就越是不得不为了讨好这些力量而放弃生产的欢乐和对产品的享受！

马克思，第 42 卷 98-99 页

---

① 黑体是恩格斯加的。
② 俄国民粹派思想家拉甫罗夫 (1823—1900) 的话。

19. 兴趣劳动即享受

什么是享受？马克思和恩格斯提出的享受内容与庸俗的、脱离人的真正生活的享受内容不同。他们反对禁欲主义，同时希望将劳动和享受结合起来，例如从事艺术活动，本身既是劳动，又是享受。另外，按照兴趣从事的活动、享受大自然等也属于高级享受。一般的安闲当然很好，但是过于安闲对人的发展来说，也是有害的。马克思还指出，现代工业实际上剥夺了人的许多天然享受。使人摆脱工业发展对人的本性的剥夺，是科学社会主义的奋斗目标之一。

如果音乐很好，听者也懂音乐，那末消费音乐就比消费香槟酒高尚，虽然香槟酒的生产是"生产劳动"，而音乐的生产是非生产劳动。

马克思，第 26 卷 Ⅰ 册 312 页

马克思和大女儿燕妮
（19 世纪 60 年代）

构成生活享受的最内在核心的正是艺术享受。

恩格斯，第 41 卷 305-306 页

圆心没有圆周就不成其为圆，同样，没有愉快友好的生活，

音乐也就不成其为音乐了，因为愉快友好的生活构成音乐这一中心的圆周。

恩格斯，第 41 卷 306 页

对安逸的否定，作为单纯的否定，作为禁欲主义的牺牲，不创造任何东西。一个人可以像僧侣之类那样整天灭绝情欲，自己折磨自己等等，但是他所作出的这些牺牲不会提供任何东西。

马克思，第 46 卷下册 115 页

自愿的生产活动是我们所知道的最高的享受。

恩格斯，第 2 卷 404 页

恩格斯充分利用业余时间读书和写作

劳动会成为吸引人的劳动，成为个人的自我实现，但这决不是说，劳动不过是一种娱乐，一种消遣，就像傅立叶完全以一个浪漫女郎的方式极其天真地理解的那样。真正自由的劳动，例如作曲，同时也是非常严肃，极其紧张的事情。

……这种人不是用一定方式刻板训练出来的自然力，而是一个主体，这种主体不是以纯粹自然的，自然形成的形式出现在生产过程中，而是作为支配一切自然力的那种活动出现在生产过程中。

……如果劳动使工人愉快，——正像西尼耳①所说的**节欲**无疑会使守财奴得到愉快一样，——那么，产品不会失掉丝毫价值。

马克思，第 46 卷下册 113-114 页

马克思与工人在一起
作者：王师颉

大自然是宏伟壮观的，为了从历史的运动中脱身休息一下，

---

① 西尼耳（Nassau William Senior, 1790—1864），英国经济学家。

我总是满心爱慕地奔向大自然。

恩格斯，第 39 卷 63 页

这里①的生活还是老样子。我渐渐觉得，这种平静的资产者生活会使人道德堕落，失去一切干劲，变得十分懒散——这几天我甚至又看起小说来了。

恩格斯，第 30 卷 620 页

安闲几乎把我毁掉；自从不必再给《论坛报》写稿②以后，我过于放纵自己，而在这里③有的是这种机会。

恩格斯，第 29 卷 121 页

---

① 曼彻斯特。
② 1851—1862 年，在马克思为《纽约每日论坛报》撰写的通讯中，五分之二是恩格斯写的。
③ 曼彻斯特。

20. 散步、骑马、冷水浴

马克思和恩格斯也有关于锻炼身体的论述吗？是的，他们之间长期通信的内容之一，便是相互介绍锻炼身体的方法，这构成了他们乐观的人生观的一部分。

他们锻炼身体的方法主要有三种：一是较长时间的散步，一是骑马（这是恩格斯的喜好，马克思也因此受到感染，把骑马作为一种锻炼的方式），一是海水或冷水浴。

另外，在紧张的工作之后定期到卡尔斯巴德①疗养，是马克思的一种休息的方法；恩格斯则把长途旅行视为一种生活的调整，他去过瑞士、意大利、爱尔兰、美国、挪威等许多地方。在

① 现在斯洛伐克首都布拉迪斯拉发。

他们的通信中，锻炼身体的美好和对健康的追求跃然纸上。

　　但愿你① 最终战胜自己顽固的痈。大概你终于认识到，再对此事掉以轻心是不行了，为了使你完全恢复工作能力，起码要每天更多地到户外活动活动，并按时"放弃"夜间工作（一俟前者成为可能）。否则第二卷② 永远也写不成。

恩格斯，第 32 卷 23 页

恩格斯 20 岁时画的德国不来梅街头即景：骑在光背马上的马车夫

　　我首先要请你③ 注意自己的健康。时代在好转，它将对你的身体提出很多要求。所以你要锻炼它，而不要损害它。

马克思，第 29 卷 246 页

---

① 马克思。
② 《资本论》。
③ 恩格斯。

我建议你①接连几天试着作长时间的散步，一口气走三四个小时，天气好时，每天走一两个小时以上，然后，每周至少作一两次这样长时间的散步。我现在如果不到户外活动一个小时或更多的时间，就根本不能照常工作，这样做效果很好，对你的肝脏肯定也会有所裨益。

恩格斯，第 32 卷 464 页

每天早晨大约从十点或者九点起至十一点，我到谷地和比我住的小山②更高的小山上去散步。

马克思，第 35 卷 41 页

恩格斯和青年们
作者：王师颉

当我说我快七十岁时，甚至医生们都不愿意相信，说我看起来要小十到十五岁。

…………

……现在我奉劝你③和鲁道夫④利用你们完全应得的余暇，尽量到户外多走动走动，夏季去游览游览（你们当然也不会忘记秋季打猎）。那时你

① 马克思。
② 1882 年马克思在阿尔及尔郊区休养的地方。
③ 海尔曼·恩格斯，恩格斯的弟弟。
④ 鲁道夫·恩格斯，恩格斯的另一个弟弟。

们就会发现这将使你们增添饱满的精神。

恩格斯，第 37 卷 334-335 页

为了使你① 对我的健康状况不致有所误解，我还要告诉你一件事：昨天我骑马跳过高五英尺多的土堤和围墙，这是我跳得最高的一次。要能轻松地做这样的操练没有十分健康的肢体无论如何是不行的。

恩格斯，第 29 卷 268 页

马克思（19 世纪 70 年代）

我的病（肝肿大）本身并不危险，但是这一次并发了特别讨厌的症状，……到曼彻斯特恩格斯那里去骑马和进行其他体育锻炼，过了四个星期，终于完全恢复了健康，从那里回到了伦敦。

马克思，第 29 卷 539 页

海滨的空气和海水浴可增强体质，使血液重新具有这种能力，因而血液又开始吸收肉和面包中的铁质，而我现在吃的比平时多得多，铁质也就相应地吸收多了。

恩格斯，第 29 卷 155 页

尽管气候如此，我们仍然继续洗海水浴，因为海水还是暖的，起风时浪涛更加汹涌，使人感到相当暖和；正是这种凉海水浴的疗

① 马克思。

效最好，我的妻子①自从开始洗海水浴以来，身体出奇地好起来了。

恩格斯，第 34 卷 179 页

恩格斯在去美国旅行的海轮上
作者：尼·尼·茹可夫

　　我应该保持非常有规律的生活方式，因为有一段时间我睡不好觉，所以早晨常常感到很疲劳，这是我生活中从来不曾有过的事。这里还不时有种种不可避免的干扰，为了使睡眠恢复正常，做体操是**绝对**必要的。

恩格斯，第 32 卷 23—24 页

---

① 莉希·白恩士。

21. 青年人的体育

马克思和恩格斯都很关注下一代的身体健康。特别是恩格斯，他晚年一再提出年轻一代人的身体锻炼问题，他要求青少年（包括女孩子）进行体能训练和军事训练，从小保持健康的体魄。

小燕妮[①]身体恢复得很好，也不咳嗽了。她现在在家里洗海水浴，即用掺海盐的水洗浴。我每天早晨也在家洗浴，大约已有两个月了。从头到脚用冷水淋洗，从那时候起，我觉得身体好些。

马克思，第 30 卷 367 页

希望杜西[②]最后会不再以轻率态度对待自己的健康，并希望

---

① 马克思的大女儿。
② 即爱琳娜，马克思的小女儿。

我的白鹦鹉小劳拉①跟过去一样身体健壮，因为她进行大量的体育锻炼。

马克思，第 35 卷 43-44 页

**马克思的小女儿
爱琳娜**

当我被放逐了十年又重新回到莱茵②的时候，我感到惊异而高兴的是，在各地农村学校的操场上都看到了双杠和单杠，这好极了，但遗憾的是，仅止于此。……在各年级学生的四肢还很富于弹性和十分灵活的时候，经常而认真地教给他们自由体操和器械操，比起现在这样在二十岁的小伙子身上下功夫（他们出一头

---

① 马克思的二女儿。
② 恩格斯 1849 年 5 月参加南德起义而遭普鲁士当局通缉，随后流亡英国。1860 年 3—4 月因父亲逝世而回家乡巴门一趟。

汗，自己也出一头汗），白费气力地企图使他们因工作而变硬了的骨骼、肌肉和韧带恢复以前的灵活性和柔韧性来，不是更好一些吗？

恩格斯，第 22 卷 446 页

如果把夏季的大部分时间用于行军和地形练习，那末这无论对中小学生的身心发展，或是对军事财政（它将因此省下几个月服役时间的开支）都是有好处的。这种军事远足可以极好地利用来教会中小学生完成野战勤务方面的任务，这种远足可以在很大程度上促进中小学生的智力发展，并且使他们有可能在较短的时期内受到专门的军事训练，——这是我的老朋友博伊斯特①（他本人过去是普鲁士军官）在他的苏黎世的学校里已经从实践上证明了的。

恩格斯，第 22 卷 447 页

恩格斯与青年交谈
作者：王师颉

可以对十五至十八岁的青年进行体育和军事训练，同时不要忘记对十至十五岁儿童的教育。

瓦扬②的草案③非常需要一

---

① 博伊斯特（Friedrich Beust，1817—1899），德国工人运动的参加者。
② 瓦扬（Edouard-Marie Vaillant，1840—1915），法国社会主义者。
③ 瓦扬向法国议会提出的民兵训练草案。

恩格斯画自己当兵的
素描（1842 年）

个懂军事的人加以审查；其中有些地方写得匆忙，我们可能经不起认真的讨论。根据第 9 条（本国所有儿童），女孩子也要训练以"步兵、骑兵和炮兵的一切动作"等等等等。

恩格斯，第 39 卷 187 页

你[①] 在信里可以看到我穿着制服的样子。我穿上军大衣，有一副浪漫的神气活现的派头，然而却极其严重地违反了条例。如果我就这样在街上走，每一分钟都有被拘留的危险，这就不大愉快了。因为我如果在街上走，制服上哪怕只有一个纽扣或只有一个风纪扣没有扣好，任何一个军官或士官都有权把我拘留。你看，当个小兵，即使在和平时期也是很危险的。

恩格斯，第 41 卷 605 页

在希腊各国中，斯巴达是最尚武的国家。如果说雅典人的普遍体育训练是锻炼技巧和增强体力同时并重，那末斯巴达人则着重增加军人的体力、培养坚韧不拔和刻苦耐劳的精神。

恩格斯，第 14 卷 12 页

----

① 恩格斯的妹妹玛丽亚（1824—1901）。

22. 生意味着死

人总是要死的。论述死亡，似乎有些晦气。然而，在马克思和恩格斯的笔下，我们能够对死亡具有深刻的理性认识：生就意味着死；但是死并不意味着完结，新生的不断替代衰老的，人类的思维将延续。恩格斯称为"地球上的最美的花朵"——人的思维着的

现在马克思的墓

精神，随着人类一代又一代思想的传承，在另外的某个地方和某个时候一定又以同样的铁的必然性把它重新产生出来。

1956 年以前马克思的墓

辩证法又是急流，它冲毁各种事物及其界限，冲垮各种独立的形态，将万物淹没在唯一的永恒之海中。于是关于辩证法的神话就是死。

因此辩证法是死，但同时也是精神花园中欣欣向荣、百花盛开景象的体现者，是盛着一粒粒种子的酒杯中冒出的泡沫，而统一的精神火焰之花就是从这些种子中萌发出来的。

马克思，第 40 卷 144-145 页

生命总是和它的必然结果，即始终作为种子存在于生命中的死亡联系起来考虑的。辩证的生命观无非就是这样。但是，无论什么人一旦懂得了这一点，便会摈弃关于灵魂不死的任何说法。

死亡或者是有机体的解体，除了组成有机体实体的各种化学元素，什么东西也没有留下；或者还留下某种生命的本原，即某种或多或少地和灵魂相同的东西，这种本原不仅比人、而且比**一切**活的机体都活得更久。因此，在这里只要借助于辩证法简单地说明生和死的性质，就足以破除自古以来的迷信。生就意味着死。

恩格斯，第 20 卷 639 页

照席勒①的话说：诗歌里永远不朽的东西，在生活中注定要灭亡。

恩格斯，第 41 卷 15 页

物质在它的一切变化中永远是同一的，它的任何一个属性都永远不会丧失，因此，它虽然在某个时候一定以铁的必然性毁灭自己在地球上的最美的花朵——思维着的精神，而在另外的某个地方和某个时候一定又以同样的铁的必然性把它重新产生出来。

恩格斯，第 20 卷 379 页

摩尔永远睡着了
作者：王师颉

① 席勒（Friedrich Schiller，1759—1805），德国作家。

要确定死的时刻也是不可能的，因为生理学证明，死并不是突然的、一瞬间的事情，而是一个很长的过程。同样，任何一个有机体，在每一瞬间都是它本身，又不是它本身；在每一瞬间，它同化着外界供给的物质，并排泄出其他物质；在每一瞬间，它的机体中都有细胞在死亡，也有新的细胞在形成；经过或长或短的一段时间，这个机体的物质便完全更新了，由其他物质的原子代替了，所以每个有机体永远是它本身，同时又是别的东西。

恩格斯，第 20 卷 25 页

23. 面对死亡

面对死亡，马克思和恩格斯是坦然的。马克思写过《珀歇论自杀》的专论，恩格斯晚年的乐观态度也令人钦佩。

自杀是违反自然的。

马克思，第 1 卷 480 页

实际上在我们中间必须先建立利益和情感之间的关系，个人之间的真正关系，而自杀只是普遍的、不断以新的形式出现的社会斗争的一千零一种征兆中的一种。①

马克思征引，第 42 卷 306 页

① 法国作家和经济学家 J. 珀歇 (1758—1830) 的话。

投放恩格斯骨灰罐的英国东南部伊思波恩特海滨

如果说，把在光天化日之下在始终令人惊心动魄的战场上的临死不惧看作是勇敢的行动，那么，没有东西能证明：一个人由于凄惨孤独而一死了之就必定是缺乏勇气。[①]

马克思征引，第 42 卷 304 页

当你[②]到底已处处显得苍老时，还没有忘记怎样开怀大笑，确实是应当感到高兴的。

恩格斯，第 38 卷 300 页

大多数和我同时代的人——我指的是和我年岁相同的人——现在已纷纷入土。世上有的是壮驴，还要珍惜老驴的生命干什么呢？

马克思，第 35 卷 406 页

您[③]友好地祝愿我活九十岁，我非常感谢；我并不反对，如果我仍然能够像现在这样的话，但是，如果我的体力和精神注定要

[①] 法国作家和经济学家 J. 珀歇 (1758—1830) 的话。
[②] J. 倍倍尔（1843—1910），德国社会民主党领袖 A. 倍倍尔的妻子。
[③] B. 施穆伊洛夫（1864—?），流亡德国的俄国社会民主党人。

像许多人常有的那种衰退的话，我就要恳求您原谅，我宁可不在人间。

恩格斯，第 39 卷 23 页

马克思大女儿燕妮和沙尔·龙格后代的家族墓

当一个人像您[①]这样老是看着病人[②]受疾病的折磨而且知道没有办法解救的时候，把死亡看做对痛苦的解脱往往倒好过一些。

恩格斯，第 39 卷 67 页

---

① L. 肖莱马，C. 肖莱马的弟弟。
② C. 肖莱马（1834—1892），德国化学家，马克思和恩格斯的朋友。

三、人与家庭

24. 最自然的关系

性很神秘，其实是自然的、人的本能的表现。两个人比一个人更人性一些，并非罪恶，名正言顺地谈性，这是马克思和恩格斯对性的基本态度。

人类有两种基本的生产，一种是物质产品的生产，一种就是人本身的生产。我们对于前者，谈论得很多也很深；对于后者，似乎出于某种道德的约束，羞于谈论。对于这个社会生活的基本问题，马克思和恩格斯的论述很多。《共产党宣言》和其草稿《共产主义原理》，把两性关系视为只与当事人有关的私人事项。恩格斯的《家庭、私有制和国家的起源》的前一半，就是关于人本身生产的研究。

生产本身又有两种。一方面是生活资料即食物、衣服、住房以及为此所必需的工具的生产；另一方面是人类自身的生产，即种的蕃衍。

恩格斯，第 21 卷 29-30 页

马克思和恩格斯共同起草《共产党宣言》

德国社会主义者也应当有一天公开地扔掉德国市侩的这种偏见，小市民的虚伪的羞怯心，其实这种羞怯心不过是用来掩盖秘密的猥亵言谈而已。例如，一读弗莱里格拉特的诗，的确就会想到，人们是完全没有生殖器官的。但是，再也没有谁像这位在诗中道貌岸然的弗莱里格拉特那样喜欢偷听猥亵的小故事了。最后终有一天，至少德国工人们会习惯于从容地谈论他们自己白天或夜间所做的事情，谈论那些自然的、必需的和非常惬意的事情。

恩格斯，第 21 卷 9 页

彼此没有血缘关系的人们之间的婚姻，创造出在体力上和智力上都更强健的人种；两个正在进步的部落混合在一起了，**新生**

费迪南·弗莱里格拉特

代的颅骨和脑髓便扩大到综合了两个部落的才能的程度。

马克思，第 45 卷 363 页

北极和南极相互吸引，女性和男性也相互吸引，而且也只有男女两性的极的差别相结合，才会产生人。

马克思，第 1 卷 355 页

人和人之间的直接的、自然的、必然的关系是**男女之间的关系**。……从这种关系就可以判断人的整个教养程度。……男女之间的关系是人和人之间**最自然的关系**。

马克思，第 42 卷 119 页

人与人之间的、特别是两性之间的感情关系，是自从有人类以来就存在的。性爱特别是在最近八百年间获得了这样的意义和地位，竟成了这个时期中一切诗歌必须环绕着旋转的轴心了。

恩格斯，第 21 卷 326 页

两个人比一个人更人性一些。

恩格斯，第 42 卷 361 页

如果我有五千法郎的年金，我就只是埋头工作，并且和女人们消遣，一直到我生命完结。如果没有法国女人，根本就不值得活着。但是，只要还有浪漫女郎，那就得啦！这并不妨碍有时谈一些正当的事情或者使生活带一些文雅的乐趣。

恩格斯，第 27 卷 94 页

恩格斯盛怒时抽雪茄的样子（1840 年，他当时的同龄朋友 G. 法伊斯特科恩画）

第二十一个问题：共产主义制度对家庭将产生什么影响？

答：两性间的关系将成为仅仅和当事人有关而社会勿需干涉的私事。

恩格斯，第 4 卷 371 页

25. 爱情

然而，人类是高级动物，男女之间的性关系已经不是单纯为了繁衍后代，爱情是性关系得以存在的道德前提，这是马克思和恩格斯对现代人性关系的基本观点。

爱情第一次真正地教人相信自己身外的实物世界，它不仅把人变成对象，甚至把对象变成了人！

马克思，第 2 卷 24 页

爱者在十分冲动时写给被爱者的信不是范文，然而正是这种表达的**含混不清**，**极其明白**、**极其显著**、**极其动人**地表达出爱的力量征服了写信者。爱的力量征服了写信者就是被爱者的力量征服了写信者。因此，热恋所造成的词不达意和语无伦次博得了被爱者的欢心，因为有反射作用的、一般的、从而不可靠的语言本性获得了直接个别的、感性上起强制作用的、从而绝对可靠的性质。而对爱者所表示的爱的真诚深信无疑，是被爱者莫大的自我享受，是她对自己的信任。

马克思，第 42 卷 182-183 页

我并不是一个抽象的道德家，我厌恶一切禁欲主义的反常现象，我永远不会谴责抛弃的爱情；可是，使我感到痛心的是，严肃的道德正濒临消失的危险，而肉欲却妄图把自己捧得高于一切。

恩格斯，第 41 卷 146 页

"一个人如果一方面对危害国家的恶行无动于中，另一方面却对私生活中的恶行怒不可遏地加以抨击，那就可以看出他是伪善的道学家。"①

马克思征引，第 2 卷 169 页

还有什么样的悲痛比一切个人痛苦中最高尚最崇高的痛苦即爱情的痛苦更有权利向美丽的大自然倾诉呢？

恩格斯，第 41 卷 188 页

---

① 法国哲学家 C. 爱尔维修（1715—1771）的话。

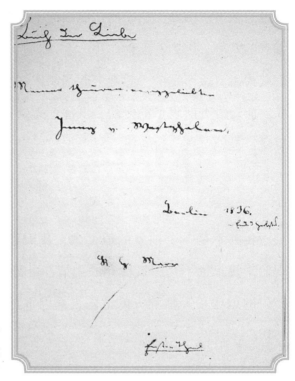

马克思大学时期写
给燕妮的诗集《爱
之歌》第一页

家庭的灵魂只能体现为爱情等等。

马克思，第 1 卷 254–255 页

现代的性爱，……对于性交关系的评价，产生了一种新的道德标准，不仅要问：它是结婚的还是私通的，而且要问：是不是由于爱情，由于相互的爱而发生的？

恩格斯，第 21 卷 90–91 页

如果说只有以爱情为基础的婚姻才是合乎道德的，那末也只有继续保持爱情的婚姻才合乎道德。不过，个人性爱的持久性在各个不同的个人中间，尤其在男子中间，是很不相同的，如果感情确实已经消失或者已经被新的热烈的爱情所排挤，那就会使离婚无论对于双方或对于社会都成为幸事。

恩格斯，第 21 卷 96 页

克罗茨纳赫小镇：马克思和燕妮在这里度过新婚生活

如果你在恋爱，但没有引起对方的反应，也就是说，如果你的爱作为爱没有引起对方的爱，如果你作为恋爱者通过你的**生命表现**没有使你成为**被爱的人**，那么你的爱就是无力的，就是不幸。

马克思，第 42 卷 155 页

不言而喻，体态的美丽、亲密的交往、融洽的旨趣等等，曾经引起异性间的性交的欲望，同谁发生这种最亲密的关系，无论对男子还是对女子都不是完全无关紧要的。

恩格斯，第 21 卷 89-90 页

您①作为未婚夫，会在自己和您的未婚妻身上看到同一和差异的不可分离的鲜明例证。根本无法判明：性爱的欢娱，是来自差异中的同一呢，还是来自同一中的差异？在这里，如果抛开差异（这里指的是性别）或同一（两者都属于人类），那您还剩下什么呢？

恩格斯，第 38 卷 202 页

马克思夫人燕妮婚后的照片（1845 年）

最近有一条丑闻。整个伦敦都在传说，克拉伦斯公爵②临死前把他母亲③叫到病榻前说，"梅"④是因他而怀孕的。如果属实，这是使得我尊重这个年轻人的唯一的行动。据说，他追求了她很长时间，但老女王⑤最初没有同意这门婚事。既然他们不经任何人同意而自行其是，那就超出了我对这种上流人物的意料，并证明他毕竟还有可取之处。

恩格斯，第 38 卷 266 页

---

① C.施米特（1863—1932），德国经济家和哲学家。
② 克拉伦斯公爵（1864—1892），英国女王维多利亚 (1819—1901) 的孙子。
③ 亚利山得拉（1844—1925），维多利亚女王的儿媳，即爱德华七世的王后。
④ 维多利亚－玛丽·冯·特克公主（1867—1953），1910 年起为英国王后。
⑤ 维多利亚女王。

土壤肥力和人的生殖能力成反比，这不免使像我这样多子女的父亲非常狼狈。尤其是，我的婚姻比我的工作更多产。

马克思，第 27 卷 192 页

暂时他^① 发誓——或者至少他说是发誓——要同伦敦的公娼断绝关系，而要找一个健康的爱人。身分不计。年龄可能也不拘。但是健康，这却是关键。经验教训了这个雄纠纠的青年要从医学观点去观察女性。如果把他的本来面目描绘出来，这个雄纠纠的青年人可以作为他人的鉴戒。……他仍然是一个心地善良的小伙子。

马克思，第 28 卷 337 页

一位德国人曾断言：

"对爱情的迷恋

不能过于**粗暴**，

不然就会伤身"。^②

马克思和恩格斯，第 3 卷 542 页

---

① W. 皮佩尔（1826—?），德国语文学家，当时是马克思的秘书。
② 摘自德国诗人 H. 海涅《抒情间奏曲》第 50 首。

26. 婚姻

马克思的二女儿劳拉和她的丈夫保尔·拉法格（19世纪70年代）

与性相关的一个重要问题是性关系的外在形式，即婚姻。马克思和恩格斯认为，婚姻只能建立在爱情的基础上，一夫一妻制是经济关系的产物，随着社会经济关系发生变化，婚姻的形式也可能随之变化，不会永存。

现在在文明民族中如此有力地发展了的一男一女结对同居的

倾向，并不是人类的常规，而是像心灵上的一切伟大的感情和力量一样，都是由经验产生的。

马克思，第 45 卷 363 页

如果严格的一夫一妻制是各种美德的最高峰，那末优胜的棕叶就应当属于绦虫了，因为绦虫在其 50—200 个关节或体节的每一节中都有完备的雌雄性器官，终生都在每个体节中自行交合。

恩格斯，第 21 卷 43 页

只有依靠非婚生子女才能蕃衍后代，而这种方式，作为一种大量现象，我们也许只有在已经不存在任何无产阶级的时候才能谈得上。

恩格斯，第 36 卷 532 页

我们现在关于资本主义生产行将消灭以后的两性关系的秩序所能推想的，主要是否定性质的，大都限于将要消失的东西。但是，取而代之的将是什么呢？这要在新的一代成长起来的时候才能确定：这一代男子一生中将永远不会用金钱

燕妮帮助抄写文稿
作者：王师颉

或其他社会权力手段去买得妇女的献身；而妇女除了真正的爱情以外，也永远不会再出于其他某种考虑而委身于男子，或者由于担心经济后果而拒绝委身于她所爱的男子。这样的人们一经出现，对于今日人们认为他们应该做的一切，他们都将不去理会，他们自己将知道他们应该怎样行动，他们自己将造成他们的与此相适应的关于各人行为的社会舆论——如此而已。

恩格斯，第 21 卷 96 页

　　如果施留特尔是个聪明人，他就应该替自己和自己的妻子做点好事，同意办理离婚手续。以恶意离异为名对妻子进行**缺席**诉讼，这对双方都可以少一些不愉快，而他自己大概是想得到充分的自由。其实他不这样做也已享有他所能享有的自由了。一般说来，当人们听到一个自己认识的妇女取得独立地位时，总是感到高兴的。她在下决心与海尔曼离婚之前，大概内心作过很长时间的斗争，因此她的性格以前显得是优柔寡断的。这种资产阶级的婚姻是何等浪费精力：最初为了达到这种婚姻费了很长时间，后来这种无聊的麻烦事又拖了很长时间，最后解脱这种婚姻又花费很多时间。

恩格斯，第 39 卷 141 页

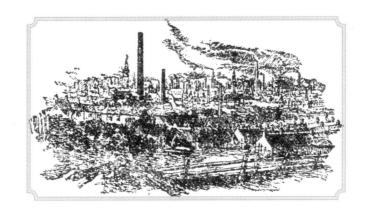

27. 卖淫及同性恋

娼妓是个颇为敏感的问题，马克思和恩格斯关于这个问题的分析颇为深刻。他们认为，公妻制和卖淫是对人性的否定，妓女是现存制度的牺牲品。在暂时无法消除卖淫现象的时候，应使妓女保持一定程度的自尊，不受剥削。

关于同性恋，马克思和恩格斯尚没有把它视为一种占人口比例很少的生理现象，而认为是非自然的，这与当时的科学认识有关，但是他们只以诙谐的语气谈到，显然并不主张干涉同性恋。

吃、喝、性行为等等，固然也是真正的人的机能。但是，如果使这些机能脱离了人的其他活动，并使它们成为最后的和唯一的终极目的，那么，在这种抽象中，它们就是动物的机能。

马克思，第42卷94页

淫荡之风——在文明昌盛时期，在希腊和罗马城邦十分流行，——很可能是从来没有完全根除的**古代同居制度的残余**；它是从野蛮时代流传下来的一种社会污点，**现在则通过艺妓这种新的途径得到了极度的表现**。

马克思，第 45 卷 369 页

普遍卖淫现象，表现为人的素质、能力、才能、活动的社会性质发展的一个必然阶段。说得文雅一点就是：普遍的效用关系和适用关系。

马克思，第 46 卷上册 109 页

拿**妇女**当作共同淫乐的**牺牲品**和婢女来对待，这表现了人在对待自身方面的无限的退化。

马克思，第 42 卷 119 页

公妻制这种思想暴露了这个完全粗陋的和无思想的共产主义[①]的**秘密**。……这种共产主义，由于到处否定人的**个性**，只不过是私有财产的彻底表现。

马克思，第 42 卷 118 页

---

① 18 世纪法国巴贝夫的共产主义。

在卖淫现象不能完全消灭以前，我认为我们最首要的义务是使妓女摆脱一切特殊法律的束缚。在英国这里，现在就摆脱了这种束缚，至少大体上是这样；……这种相对的不受警察侮辱性束缚的自由，使妓女大体上能够保持一定程度的独立和自尊心，而这在大陆①上几乎是不可能的。她们把自己的境况看成一种不可避免的不幸，既然已经遭到这种不幸，她们也就不得不忍受这种不幸，但这决不应该损害她们的人格，也不应该损害她们的尊严；她们一旦有机会抛弃这个行业，她们就会竭力利用这个机会，而且在大多数情况下是成功的。

……我们首先要考虑的是作为现存社会制度牺牲品的妓女本身的利益。

……应该要求完全停止对卖淫进行追究并使妓女不受剥削。

恩格斯，第 38 卷 550—551 页

19 世纪末阿姆斯特丹的红灯区

---

① 欧洲大陆。

你①给我寄来的《好男色的人》②这本书，荒诞到了极点。这是极端违反自然的暴露。好男色的人们开始计算自己的队伍，认为他们正在国内形成一种势力。他们只是缺少一个组织，不过从这些材料来看，他们的组织似乎已经暗中存在。……"向前面宣战，给后面和平"！③——这将是现在的联络暗语。幸好，我们本人已经老了，不怕在这个党取得胜利后强迫我们把身体献给胜利者作贡品。可是年青一代呢！不过，也只有德国才可能有这样的事：出来这么一个家伙，把猪猡行为变为一种理论，并且宣告：干吧，……。……可是等着瞧吧，一旦北德意志新刑法承认屁股的权利时，情况就完全不同了。我们这些对女人怀着幼稚的倾爱而习惯于从前面活动的可怜人，那时可就相当糟糕了。

恩格斯，第 32 卷 305-306 页

---

① 马克思。
② 卡·乌尔里克斯《亚尔古船航海者》，1869 年莱比锡德文版。
③ 对 18 世纪初德国一句革命口号"给宫廷以战争，给茅屋以和平"的套用。

28. 家庭

人伦，是指亲人之间的关系。家庭（进一步扩展则是家族）是社会的细胞，也是最富情感的生活空间。简单地用阶级分析的方法解释人伦关系，这是对马克思主义阶级分析方法论的庸俗化。

以研究宏观世界为己任的马克思和恩格斯，他们有家庭，有父母、妻子、孩子（恩格斯无子女，但有外甥女）。尽管他们作为男人和思想家，是不大动感情的，但作为父母的儿子、妻子的丈夫和孩子的父亲或爷爷，他们与平常人一样处于人伦关系中，同样有感情，有欢乐和悲伤。他们的生活经验，也值得我们借鉴。

"家庭生活"，"孩子们的喧闹"，整个这一"小小的微观世界"比"宏观"世界有意思得多。

马克思，第 35 卷 324 页

十八年前，我也失去了七十七岁的母亲，我了解一家之母对一个人口众多的家庭的成员起着什么样的纽带作用，即使在子女们亲密无间的情况下，她也是必不可少的。一家之母把晚辈联结成为一个大家庭；母亲去世以后，各自分居的新家庭开始感到独立得多，于是相互间的来往也无意中越来越少了。这就是事物发展的自然进程，但是这个进程所引起的变化给人们带来的痛苦并不因此有所减轻，这就是为什么在我的和您[①]的母亲都比父亲长寿的家庭里，一旦失去了母亲，会令人倍感悲痛。

恩格斯，第 38 卷 412-413 页

马克思、恩格斯与马克思的大女儿燕妮、小女儿爱琳娜、二女儿劳拉（自右到左）

[①] L.肖莱马，马克思和恩格斯的朋友、德国化学家 C.肖莱马的兄弟。

根据我自己家里的经验，我知道，父母很难（有时甚至不可能）公正地对待违背他们的意愿而进入家门的女婿或媳妇。不管父母怎样相信自己的意图是最好的，但这些最好的意图多半只会造成家庭新成员的痛苦，而且间接给自己的儿子或女儿造成痛苦。每个丈夫会发现自己妻子的某些缺陷，反之亦然，

马克思、恩格斯和孩子们在一起
作者：陈振新

这是正常的。但是由于第三者的好意的过问，这种批评态度会转为感情不好和长期不和。

恩格斯，第 37 卷 107 页

29. 夫妻

对于成年人来说，最重要的人伦关系是夫妻。这方面，无论马克思还是恩格斯，都经历过爱情的洗礼，他们在这方面有失败，也有成功。他们作为别人的朋友和过来人，就如何处理夫妻关系提出的意见，也颇有启示意义。

我衷心珍爱你①，自顶至踵地吻你，跪倒在你的跟前，叹息着说："我爱您，夫人！"②事实上，我对你的爱情胜过威尼斯的摩尔人③的爱情。

---

① 燕妮·马克思（1814—1881），马克思的妻子。
② 海涅《归乡集》中一首诗的标题。
③ 莎士比亚戏剧《奥赛罗》的主人公。

……在这爱情上集中了我的所有精力和全部感情。我又一次感到自己是一个真正的人，因为我感到了一种强烈的热情。现代的教养和教育带给我们的复杂性以及使我们对一切主客观印象都不相信的怀疑主义，只能使我们变得渺小、孱弱、罗嗦和优柔寡断。然而爱情，不是对费尔巴哈①的"人"的爱，不是对摩莱肖特②的"物质的交换"的爱，不是对无产阶级的爱，而是对亲爱的即对你的爱，使一个人成为真正意义上的人。

马克思，第 29 卷 512-515 页

马克思夫人燕妮年轻时的肖像

① 费尔巴哈（Ludwig Feuerbach，1804—1872），德国哲学家。
② 摩莱肖特（Jakob Moleschott，1822—1893），荷兰生理学家和哲学家。

诚然，世间有许多女人，而且有些非常美丽。但是哪里还能找到一副容颜，它的每一个线条，甚至每一处皱纹，能引起我的生命中的最强烈而美好的回忆？甚至我的无限的悲痛，我的无可挽回的损失 ①，我都能从你的可爱的容颜中看出，而当我遍吻你那亲爱的面庞的时候，我也就能克制这种悲痛。"在她的拥抱中埋葬，因她的亲吻而复活"，这正是你的拥抱和亲吻。我既不需要婆罗门 ② 和毕达哥拉斯 ③ 的转生学说，也不需要基督教的复活学说。

马克思，第 29 卷 516 页

恩格斯（19 世纪 60 年代）

没有人比我更讨厌随便动感情的了；但如果不承认我的思想大部分沉浸在对我的妻子——她同我生命中最美好的一切是分不开的——的怀念之中，那是骗人的。

马克思，第 35 卷 42-43 页

同一个女人在一起生活了这样久，她 ④ 的死不能不

① 指马克思的第一个孩子 8 岁的埃德加尔的死亡。
② 婆罗门（Brahmana），古印度的祭司贵族，最高等级的种姓。
③ 毕达哥拉斯（Pythagoras，前 571—前 497），古希腊数学家，主张灵魂转移的宗教信条。
④ 玛丽·白恩士（1823—1863），恩格斯的第一个妻子。

使我深为悲恸。我感到，我仅余的一点青春已经同她一起埋葬掉了。

恩格斯，第 30 卷 314 页

暂时的别离是有益的，因为经常的接触会显得单调，从而使事物间的差别消失。甚至宝塔在近处也显得不那么高，而日常生活琐事若接触密了就会过度地胀大。热情也是如此。

马克思，第 29 卷 515 页

恩格斯的第二位夫人莉希

男人对妇女作出极其不公正的行为是非常容易的，并且有多少男人能说自己完全没有这类过错呢？有一位从切身经验中十分了解这一点的极伟大的人物说过："得了吧，你们不配受妇女尊敬！"

恩格斯，第 37 卷 98—99 页

过分亲密很不合适，因为一对恋人在长时期内将住在同一个城市里，这必然会有许多严峻的考验和苦恼。我惊讶地看到您①的举止在只有一个星期的地质年代里，一天一天地起变化。在我看来，真正的爱情是表现在恋人对他的偶像采取含蓄、谦恭甚至羞涩的态度，而绝不是表现在随意流露热情和过早的亲昵。如果您借口说您有克里奥洛人的气质，那末我就有义务以我健全的理性置身于您的气质和我的女儿之间。

…………

……您应该在考虑结婚以前成为一个成熟的人，而且无论对您或对她来说都需要长期考验。

马克思，第 31 卷 520—522 页

关于卡尔②，您③说，没有爱情，没有激情，他的本性就会死亡。如果这种本性表现为每两年就要求新的爱情，那末他自己应当承认，在目前情况下，这种本性或者应当加以抑制，或者就使他和别人都陷在无止境的悲剧冲突之中。

恩格斯，第 37 卷 98 页

---

① P.拉法格（1842—1911），马克思的二女婿，法国工人党的理论宣传家。
② K.考茨基（1854—1938），德国社会民主党理论家。
③ 路易莎·考茨基（1860—1950），K.考茨基的第一任妻子。

　　我衷心祝贺你①终于克服了重重疑虑而自由地进行恋爱。你会发现，在困难的时刻，两个人在一起要比一个人好过些；我在相当长的时间中，有时是在非常艰苦的条件下体验到了这一点，而且从来没有后悔过。

恩格斯，第 36 卷 532 页

恩格斯的故居（德国巴门）

　　第三者任何时候都不应插手没离婚的或已离婚的夫妇之间的事，因为他们之间的事永远也弄不清。

恩格斯，第 38 卷 385 页

---

① E. 伯恩施坦（1850—1932），德国社会民主党理论家。

30. 孩子

与孩子相处,是马克思最快乐的事情。下面马克思信中的话,对外孙的生与死的感情流露是多么真切啊!他处理与小女儿的关系,又是多么利他!

从小天使①不再使我们家活跃的时候起,这个家就变得死气沉沉了。没有他我处处感到寂寞。想起他来,我心如刀割,这样可爱、这样迷人的小家伙难道能使人忘记吗!

马克思,第 33 卷 642 页

世界小公民②万岁!应当让男孩子住满全世界,何况英国的统计材料表明女孩子过多。

马克思,第 34 卷 362 页

_____

① C. 龙格(1873—1874),马克思的外孙。
② E. 龙格(1879—1950),马克思的外孙。

　　我根本不想让孩子①认为，似乎她当了老头子的"护士"，成了家庭的牺牲品。

马克思，第 35 卷 31 页

　　可怜的穆希②已经不在世了。今天五六点钟的时候他在我的怀中睡着了（真正睡着了）。我永远不会忘记，你的友谊在这个可怕的时刻怎样减轻了我们的痛苦。我对孩子有多大的悲伤，你③是理解的。

马克思，第 28 卷 441 页

　　亲爱的孩子曾使家中充满生气，是家中的灵魂，他死后，家中自然完全空虚了，冷清了。简直无法形容，我们怎能没有这个孩子。我已经遭受过各种不幸，但是只有现在我才懂得什么是真正的不幸。我感到自己完全支持不住了。幸而从埋葬他那天起我头痛得不得了，不能想，不能听，也不能看。

　　在这些日子里，我之所以能忍受这一切可怕的痛苦，是因为时刻想念着你，想念着你的友谊，时刻希望我们两人还要在世间共同做一些有意义的事情。

马克思，第 28 卷 442 页

---

① 爱琳娜·马克思（1855—1898），马克思的小女儿。
② 埃德加尔·马克思，马克思的第一个孩子，8 岁逝世。
③ 恩格斯。

31. 母亲职责

1844 年，恩格斯在他的著名著作《英国工人阶级状况》中提出了妇女履行母亲职责高于妇女参加社会劳动的观点。他从人性视角的论述，让我们思考女性解放到底指的是什么。当然会有不同的说法，但女性的解放或男女平等不应理解为男人做的女人也能做。恩格斯在揭露英国工厂制度剥夺女性履行母亲职责的情形之后，得出了至今能够给人以启示的女性解放的途径：将家务劳动变成公共行业。

女人在工厂里做工不可避免地要把家庭整个地拆散，在目前这种以家庭为基础的社会状况下，这种情形无论对夫妇或者对小孩子都会产生最严重的败坏道德的后果。一个没有时间照顾自己的孩子、没有时间让孩子在初生的几年中享受最普通的母爱的母亲，一个很少能见到自己的孩子的母亲，是不能成其为孩子的母亲的，她必然会对孩子很冷漠，没有爱，没有丝毫的关怀，完全像对待别人的孩子一样。

恩格斯，第 2 卷 430 页

**马克思的大女儿燕妮和她
的母亲燕妮·马克思**

我深信，只有在废除了资本对男女双方的剥削并把私人的家务劳动变成一种公共的行业以后，男女的真正平等才能实现。

恩格斯，第 36 卷 340 页

32. 女性解放

　　"妇女"这个中文概念在当今社会已经显得成问题了，因为没有与其对应的"夫男"，于是"妇女"给人造成的印象是成年的、在家待着的女人，已有不少文章建议将其改为"女性"。不过，这里的引文只能尊重原来翻译的中文词"妇女"。读到这个概念时，我们应理解为人类中与男性对应的另一半——女性。

　　现代社会里男女平等已经成为一种公理，但社会结构仍然以男性为主导。于是，从男性角度看待女性，仍然是一个引人注目的话题。在这个问题上，人类解放的程度，应以女性解放的程度作为衡量尺度，法国著名空想社会主义者傅立叶的这一观点最为著名。马克思和恩格斯亦是这个观点的拥护者，这是他们考察女性问题的出发点。

19世纪美国女权主义的代表人物、社会主义者弗罗伦斯·凯利－威士涅威茨基夫人[①]与恩格斯之间的分歧也颇有意思。恩格斯拒绝将妇女解放理解为男性向女性献殷勤。这种关于女权主义内在含义的论战，延续至今。

沙尔·傅立叶　　　　　　　弗罗伦斯·凯利－威士涅威茨基

每个了解一点历史的人也都知道，没有妇女的酵素就不可能有伟大的社会变革。社会的进步可以用女性（丑的也包括在内）的社会地位来精确地衡量。

马克思，第32卷571页

---

① 弗罗伦斯·凯利－威士涅威茨基夫人（Florence Kelley–Wischnewetzky，1859—1932）。

马克思的大女儿燕妮和二女儿劳拉

"某一历史时代的发展总是可以由妇女走向自由的程度来确定，因为在女人和男人、女性和男性的关系中，最鲜明不过地表现出人性对兽性的胜利。妇女解放的程度是衡量普遍解放的天然标准。"①

马克思征引，

第 2 卷 249-250 页

他②更巧妙地批判了两性关系的资产阶级形式和妇女在资产阶级社会中的地位。他第一个表明了这样的思想：在任何社会中，妇女解放的程度是衡量普遍解放的天然尺度。

恩格斯，第 19 卷 213 页

她③由于我的失礼和对妇女不够殷勤而感到委屈。可是，我不能按照争取妇女权利的太太对我们的要求向她们献殷勤：她们如果要争得男人的权利，就要允许别人以对待男人那样对待她们。

恩格斯，第 37 卷 130 页

---

① 法国空想社会主义者 C. 傅立叶（1772—1837）的话。
② 傅立叶。
③ F. 凯利－威士涅威茨基。

　　我们在德国的朋友们的妻子这样地投身于她们的丈夫所积极进行的斗争，这将使身处英国这个安全之地的我们这些人的妻子感到惊讶。我们在这里可以无所顾忌地进行议论和批评，然而在德国，由于不小心或考虑不周而说错一句话，就有坐牢和离别家庭的危险。幸而我们德国的妇女们并没有因此而惶惑不安，她们以实际行动证明，尽人皆知的女性的多愁善感只不过是资产阶级妇女所具有的阶级痼疾。

恩格斯，第 34 卷 262 页

　　妇女代表①的情况非常好。奥地利除路易莎②外，还派去了小德沃腊克③，一个在一切方面都非常可爱的姑娘。我太喜欢她了，只要拉布里奥拉④一给我机会，我就摆脱他的沉闷的谈话而跑去找她。这些维也纳妇女是天生的巴黎人，不过是五十年前的那种巴黎人。真正的法国女工。再就是俄国妇女，有四五个人，她们明亮美丽的眼睛很魅人。而且维拉·查苏利奇⑤和安娜·库利绍娃⑥也来了。再就是克拉拉·蔡特金，她的工作能力很强，有些容易激动，但我还是觉得她很好。她攀登了格列尔尼士山，山上冰川很多，这种活动对于像她这种体质的妇女说来是很艰巨的。

---

① 参加 1893 年第三次国际社会主义工人代表大会的妇女代表。
② 路易莎·考茨基（1860—1950），K.考茨基的第一位妻子。
③ 阿德耳海德·德沃腊克（1869—1939），奥地利社会主义者，工厂女工，后成为政论家，积极参加奥地利妇女运动和国际妇女运动。1893 年参加国际社会主义工人代表大会。
④ 阿尔土罗·拉布里奥拉（1843—1904），意大利哲学家、政治家。
⑤ 维拉·查苏利奇（1849—1919），俄国早期社会主义运动女活动家。
⑥ 安娜·库利绍娃（1854—1925），社会主义运动的积极参加者。

克拉拉·蔡特金

我幸运地受到了她们一个又一个地拥抱。倍倍尔对我忌妒得不得了，因为他是《妇女》①的创作者，他以为只有他有权接受她们的亲吻！

恩格斯，第 39 卷 114 页

去年②11 月，我把自己的七票全都投给一个妇女，这个妇女所得的票数比七个候选人中的任何一个都多。其实，在这里的教育部门里，妇女的特点是：说得非常少，做得非常多，平均每一个妇女的工作等于三个男人。

恩格斯，第 34 卷 234 页

---

① 倍倍尔的著作《妇女与社会主义》。
② 1876 年。

第二
部分

人与社会

四、友谊与信任

33. 对等与开诚布公

人生的思想交流、信息传播，主要通过"人际传播"这一途径，从而构成了除了亲情之外的人际关系。人与人之间建立某种关系，是生活中必需的，而且这种关系很大程度上依靠当事人的品行和诚信来确立，因为双方或多方在利益和心理互动中结成一定的关系。如何处理人际关系，也是一种艺术，需要把握分寸，需要情感和互动，但也要有基本的原则。

既然与人交往，就需要把某件事情当作自己的事情来做。这就涉及人际关系中基本的道德准则：对等。马克思和恩格斯对此都有所论述。

虚伪，是人际关系的最可怕的敌人。因而，处理人际关系需要遵循各种具体的原则。首先是开诚布公，其次是为达成协议而相互让步，最后是观其言看其行。

你希望别人怎样对待你自己，你就怎样对待别人。

马克思，第 1 卷 36 页

我不能成为别人的什么，我也就不是而且也不能成为自己的什么。如果我没有权利成为别人的精神力量，那末，我也就没有权利成为自己的精神力量。

马克思，第 1 卷 90 页

马克思和恩格斯在曼彻斯特
作者：尼·尼·茹可夫

　　如果你想得到艺术的享受，那你就必须是一个有艺术修养的人。如果你想感化别人，那你就必须是一个实际上能鼓舞和推动别人前进的人。

马克思，第 42 卷 155 页

　　我给您^①写信完全是开诚布公的，我把这看作是友好往来的首要条件。

马克思，第 35 卷 196 页

　　冷淡的营业关系自然比任何的虚伪感情要惬意得多。

恩格斯，第 27 卷 294 页

　　没有相互间的让步，我们就永远什么事情也做不成。

恩格斯，第 27 卷 513 页

　　每个人都必须对自己的行动后果负责，难道这是很难理解的吗？

恩格斯，第 39 卷 460-461 页

　　我们根据历史事实可以更好地判断他们是些什么样的人，我们要看的是他们的所做所为，而不是他们曾经有过什么样的信仰，以及希望别人怎样来看待他们的作用。

马克思，第 8 卷 384 页

---

① H.海德门（1842—1921），英国民主联盟领导人。

恩格斯和马克思一家在伦敦
荒郊游玩
作者：尼·尼·茹可夫

对头脑正常的人说来，判断一个人当然不是看他的声明，而是看他的行为；不是看他自称如何如何，而是看他做些什么和实际是怎样一个人。

恩格斯，第 8 卷 94-95 页

如果两个人同时袭击**一个人**，那就是一帮坏蛋，同他们谈不上什么正直和诚实的行动，同时也证明，同他们不可能进行正大光明的对打，公正的决斗。那样做会有被暗害的危险。

恩格斯，第 29 卷 320 页

34. 应对无赖

然而，人际关系中也会产生欺骗、无赖和一些愚蠢的行为。对此马克思和恩格斯的原则也是坚定的，首先是不理会或适当解释、劝告，如果不能奏效，那么便是决裂，公开揭露。

不要忘记，和蠢货搞在一起，如果不采取许多预防措施，那会大大损害自己的声誉。

马克思，第 30 卷 625 页

我只关心事业，而对于个人的愚蠢行为是不介意的！

马克思，第 32 卷 549 页

骗子越是心黑无耻，就越以为别人诚实可欺，因此到头来还是毁掉自己。

恩格斯，第 36 卷 58 页

恩格斯 19 岁时画的他在不来梅商行工作时的一幕

有正事要干的人永远斗不过那些整天搞阴谋的人。

恩格斯，第 32 卷 425 页

尽管谁也不能在自家的粪堆上（象征地说）成为先知，但一个人很容易被别人估计过高，他们不是胡乱议论，就是胡乱吹捧，从一个很平常的人身上他们想找到什么就能找到什么。

马克思，第 31 卷 549 页

35. 交往形式

　　人不能没有人际关系，但是人际交往本身也是一种时间和精力的支出。因而，在人际关系的形式交往方面，马克思和恩格斯对己对人也总是给予理解，而不是苛求。同时，他们十分注意区分政治关系与私人关系，即使私人关系完结了，政治关系依然保持，反之亦然。

　　有客来访，一般说来应该是愉快的，但是当你的工作比他们多的时候，却碍事得要命。

恩格斯，第 36 卷 327 页

人们固然可以说"老人爱唠叨"，但是这种特权不应该随便滥用。

马克思，第 28 卷 289 页

我们每一个人都力求使自己的观点成为占统治地位的观点，就这个意义来说，都贪权。……而对于任何一个有些价值的人，我任何时候听人说他贪权，我也只能由此做出结论说，实际上对他没有什么可指责的。

恩格斯，第 35 卷 222-223 页

从你①这位享有声誉和社会地位的人物来说，对一个居住阁楼的不知名的党员②过去那样亲密无间，现在却这样尖刻地攻击，我认为这样做是不够宽宏大量的。

马克思，第 30 卷 449 页

费舍③已为自己树敌，这一点我是很相信的，根据切身经验，我对此颇有体会；年轻时，我也同他一样，喜欢在不适当的场合和不适当的时候与人顶撞，我在年轻人身上看到的这样或那样的缺点，一般说来，很少不是我当年或多或少也曾有过的。假如时常碰碰钉子，而且自己也承认这是罪有应得，这种情况就会逐渐有所克服。

恩格斯，第 38 卷 183 页

---

① F. 弗莱里格拉特（1810—1876），德国诗人，共产主义者同盟成员。
② W. 李卜克内西（1826—1900），德国社会民主党创始人之一。
③ 费舍（Richard Fischer，1855—1926），德国社会民主党领导人之一。

恩格斯19岁时为妹妹玛丽亚画的一组人物。他的标题左起：低级趣味；歌德（德国作家）；人；K. 古兹科夫（1811—1878，恩格斯为之撰稿的周刊《德意志电讯》的主编）；普鲁士王国士兵；子虚乌有。

黑格尔

　　要是老黑格尔有在天之灵，他知道德文和北欧文中的 Allgemeine〔**一般**〕不过是公有地的意思，而 Sundre,Besondre〔**特殊**〕不过是从公有地分离出来的 Sondereigen〔私人财产〕，那他会说什么呢？真糟糕，原来逻辑范畴还是产生于"我们的交往"！①

马克思，第 32 卷 53 页

————————

① 此句讲述了词语内涵的延伸，产生于人们相互交往中的对其的约定俗成。

36. 友谊的价值

朋友间的友谊和信任，几乎是每个人在家庭以外都需要的一种精神的和物质的依托。尤其是马克思和恩格斯之间，他们在理想、学业和斗争中结成的友谊，堪称近世少有的楷模。马克思把恩格斯称为自己第二个"我"，恩格斯始终把自己视为共产主义运动的"第二提琴手"，其实他为科学社会主义所做的贡献不亚于马克思。没有恩格斯，科学社会主义的创立和传播是不可想象的。

马克思的小女儿爱琳娜写道："关于我父亲和恩格斯之间的友谊，我和其他许多人都已经谈过。这种友谊将来一定也会像希腊神话中达蒙和芬蒂亚斯的友谊那样，成为一种传奇。"① 她提到的故

① 《摩尔和将军》第175页，人民出版社1982年版。

事发生在公元前 6 世纪，达蒙和芬蒂亚斯的友谊十分深厚，暴君狄奥尼修斯要杀芬蒂亚斯，芬蒂亚斯要求回家安排家事后再来受刑，达蒙这时挺身而出，声明如果他不回来，愿意代他受刑。后来芬蒂亚斯如期归来。暴君为此深受感动，免除了对他的死刑。

马克思的二女婿拉法格

马克思的二女婿、法国工人党理论宣传家拉法格①也写道："恩格斯也可以说是马克思家里的一员。马克思的女儿们把他当作第二个父亲。他是马克思的第二个我。在德国，他俩的名字长时期连在一起，他们的名字将永远一起记载在史册上。马克思和恩格斯在我们的时代里实现了古代诗人所描绘的那种理想的友谊。"②

如果想理解他们建立这种友谊的基础，那么有必要再读一读下面他们关于友谊和信任的论述。

在这个尘世上，友谊是私人生活中唯一具有重要意义的东西。

马克思，第 32 卷 527 页

一个急难时的朋友，如谚语所说，是抵得过走运时的一千个

① 保尔·拉法格（Paul Lafargue，1842—1911）。
② 《摩尔和将军》第 108 页，人民出版社 1982 年版。

朋友的。

马克思，第 15 卷 344—345 页

最深厚的感情是最难以用言语表达的。

马克思，第 30 卷 591 页

我坦白地承认，我不能由于一些小的误会而失掉我所爱的少数真正**朋友**当中的一位。

马克思，第 30 卷 451 页

只能用爱来交换爱，只能用信任来交换信任，等等。

马克思，第 42 卷 155 页

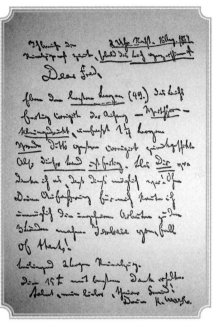

马克思在《资本论》第一卷完成之时写给恩格斯的信

这一卷①**就完成了**。其所以能够如此，我只有感谢你②！没有你为我作的牺牲，我是决不可能完成这三卷书的巨大工作的。我满怀感激的心情拥抱你！

马克思，第 31 卷 328—329 页

———————————

① 《资本论》。
② 恩格斯。

37. 友谊的私人性质

友谊只能建立在信任和共同目标的基础之上。马克思和恩格斯深切懂得这一点，因而十分珍惜他们之间的友谊。在处理与其他人的友好关系时，他们则有另一条原则，即将私人的友谊与政治、学术的分歧分开。恩格斯在政治上与他的父亲完全没有共同语言，但是在感情上仍然深爱着父亲。马克思在 1845 年写过一本专门批判他的柏林大学同学鲍威尔兄弟的书《神圣家族》，然而学术上的分歧并没有妨碍 19 世纪 60 年代他与鲍威尔兄弟在伦敦叙旧狂饮，甚至酒后恶作剧砸了路灯，差点被警察逮着。

友谊是私人生活中唯一具有重要意义的东西。

马克思，第 32 卷 527 页

一个人有权利期望得到的那些人的同情，是会对他起良好作用的。

恩格斯，第 32 卷 576 页

一个人在处于绝望的境地时，有时是会感到有必要向人倾吐胸怀的。但是他只是对他特别信任的人才会这样做。

马克思，第 31 卷 530 页

晚年的马克思和恩格斯

决不能用任何"信任"来消除事实，凡是自重的人决不应盲目地相互信任。

马克思，第 28 卷 562 页

决不能由于私人友谊而损害事业本身。

马克思，第 32 卷 348 页

马克思和恩格斯在交谈
作者：王师颉

好友的众多，并不导致哲学的完美。

马克思，第 27 卷 426 页

政治上决裂了，私人友好往来还是可以保持的。我们大家都有过这样的经历，而我甚至对待我的笃信上帝的极端反动的家庭也是如此。

恩格斯，第 38 卷 456 页

五、社会大观

38. 走上社会

我们常说"走上社会"，这就是说一个人成年了，走出家庭和周围狭小的生活圈子，走向一个更大的人群圈子，处于一种文化氛围中，例如中华文化、基督教文化等的领域，这便是社会。处理各种社会关系，远比处理亲情和不多的人际关系要复杂得多。青年恩格斯17岁就被父亲逼着到德国不来梅的一家商行当学徒，他感受到的社会是"一个会战的场面"。随着社会经验的增多，他和马克思进一步认识到，人是处在各种社会关系中的，人不可能摆脱种种社会关系而独立。在这个意义上，马克思和恩格斯研究人，就必须分析与人相关的各种复杂的社会关系，这是一种社会层面的研究视角。

不断地打破和调整自身的社会关系，是人寻求发展的动力。

打破现有社会关系的目的是寻求人的解放。

　　人来到世间，既没有带着镜子，也不像费希特派①的哲学家那样，说什么我就是我，所以人起初是以别人来反映自己的。名叫彼得的人把自己当作人，只是由于他把名叫保罗的人看作是和自己相同的。

马克思，第 23 卷 67 页

恩格斯 20 岁时画的不来梅商行活动一幕

　　这里②可以看到一个会战的场面，也就是街头即景，这是威悉河畔的一条沿岸大街，货物就卸在这里。拿鞭子的小伙子是马车夫，他马上要装运堆放在后面的一袋袋咖啡豆。右边扛袋子的小伙子是脚夫，正在搬运咖啡豆。脚夫旁边是酿酒师，刚刚取了样品，拿在手上；酿酒师旁边是船夫，咖啡豆就是从他船上卸下

---

① 德国古典哲学的一个派别。
② 德国城市不来梅（19 世纪 30 年代）。

的。你①无法否认，这些人都十分有趣。

恩格斯，第 41 卷 568-569 页

德朗克②遇到了麻烦事，这样一来，钱也可能没有指望了。事情是这样的。一个月或一个半月之前，他在这里的时候，一天夜里一点，他喝醉了酒在街上调戏一个妇女，她是一个已婚的小市民，给了他一记耳光，他还手把她打倒在地上。当然德朗克谈这件事谈得有些不一样，不过，事情看来就是这样。丈夫赶来了，他们到了警察局，警察局不愿干涉，因为德朗克的种种说谎和遁词把事情拖了下来，现在，他终于收到受害者的律师的一封信，信里要求道歉和赔偿，并威胁说，如不照办，就要把外国人狠狠教训一顿。现在巴卡普的弟兄恰好来了，你可以想象出情况的复杂。我们将尽量调解，但钱是一定要花的。**不过，这件事不要对任何人讲**，否则矮子会马上同我吵起来，因为伊曼特③会立即写信告诉他；总之，并不是我告诉你的一切都能告诉这伙人。

总之，海泽、德朗克和伊曼特的吹牛和好打架得到这种不体面的结局，我认为是好事，否则这些先生喝醉了就胡闹，会使人不得安宁。无论如何，海泽因偷窃受到惩罚，一辈子不会忘记，德朗克也得到了足够的教训。

恩格斯，第 28 卷 375 页

---

① 恩格斯的妹妹玛丽亚（1824—1901）。
② 恩斯特·德朗克（1822—1891），共产主义者同盟盟员，曾是《新莱茵报》编辑。恩格斯讲述了一些 1848—1849 年他和马克思的战友在革命失败后、流亡生活中发生的事情。
③ 彼得·伊曼特，德国教员，民主主义者。1848—1849 年革命的参加者，革命失败后流亡瑞士，后迁居伦敦。

社会——不管其形式如何——究竟是什么呢？是人们交互作用的产物。

马克思，《马克思恩格斯文集》第 1 卷 501 页

人的本质不是单个人所固有的抽象物，在其现实性上，它是一切社会关系的总和。

马克思，第 3 卷 5 页（采用选集本译文）

人的本质是人的**真正的社会联系**，所以人在积极实现自己**本质**的过程中创造、生产人的**社会联系**、社会本质，而社会本质不是一种同单个人相对立的抽象的一般的力量，而是每一个单个人的本质，是他自己的活动，他自己的生活，他自己的享受，他自己的财富。因此，上面提到的**真正的社会联系**并不是由反思产生的，它是由于有了个人的**需要**和**利己主义**才出现的，也就是个人在积极实现其存在时的直接产物。有没有这种社会联系，是不以人为转移的；但是，只要人不承认自己是人，因而不按照人的样子来组织世界，这种**社会联系**就以**异化**的形式出现。

马克思，第 42 卷 24-25 页

社会关系实际上决定着一个人能够发展到什么程度。

马克思和恩格斯，第 3 卷 295 页

斯多葛派^①的智者如此地局限"在孤独的生活中，而不是处在与他人共同的生活中"，以至芝诺^②这样地说到智者：

古希腊哲学家芝诺

"就算智者不惊奇任何可惊奇之事——但是坚强的人也不会孤独地生活，因为他按本性来说是社会的，并且是参加实际活动的。"

马克思和恩格斯，第 3 卷 145 页

————————

① 公元前 4 世纪古希腊的一个哲学派别。
② 芝诺（Zeno of Citium，前 336—前 264），古希腊哲学家。

39. 政治社会

在各种社会关系中，最重要的关系是政治和社会组织制度。如果国王和臣民构成了基本的政治和社会关系，那么会使绝大多数人难以全面发展，于是造成反向的情形："庸人是构成君主制的材料。"相反，马克思以美国为例，认为民主制的政治和社会组织制度，则可以使平常人担当旧时代需要英雄豪杰才能担当的职务，在这里，显示出社会关系对人的全面发展的决定性作用。

我们每一个人都是更多地受环境的支配，而不是受自己的意志的支配。

马克思，第 32 卷 559 页

这个人所以是国王，只因为其他人作为臣民同他发生关系。反过来，他们所以认为自己是臣民，是因为他是国王。

马克思，第 23 卷 72 页

庸人是构成君主制的材料，而君主不过是庸人之王而已。只要二者仍然是现在这样，国王就既不可能使他自己也不可能使他的臣民成为自由的人，真正的人。

马克思，第 1 卷 412 页

马克思在讲授政治经济学
作者：王师颉

由于新大陆①的政治和社会组织，善良的常人也能担负旧大陆②需要英雄豪杰才能担负的任务！

马克思，第 15 卷 587 页

这里③最可恶的，就是那种已经深入工人肺腑的资产阶级式的"体面"。社会分成大家公认的许多等级，其中每一个等级都有自己的自尊心，但同时还有一种生来就对比自己"更好"、"更高"的等级表示尊敬的心理；这种东西已经存在这样久和这样根深蒂固，以致资产者要搞欺骗还相当容易。

恩格斯，第 37 卷 316 页

撒谎和空虚的世界对人的看法也是虚伪而表面的。

马克思，第 29 卷 515 页

---

① 美国。
② 欧洲大陆。
③ 英国。

40. 参与、挑战与应酬

　　人不能孤独地生活，总要处于一定的社会关系中，如何打破各种表面的关系认识自己的实际处境，并冲破自己不满意的关系网？这方面马克思的格言也许会给我们启示。

　　庸俗的社会关系给人造成较多的烦恼，恩格斯根据他多年在商业圈里的经验，把它看透了。这个经验，对于现代青年人走上社会，应该是一种警示。

　　要成为某种东西的有意识的部分，就要有意识地去掌握它的某一部分，有意识地参加这一部分。没有这种意识，国家的成员就无异于**动物**。

马克思，第 1 卷 392 页

面对着整个奸诈的世界，

我会毫不留情地把战挑，

让世界这庞然大物塌倒，

它自身扑灭不了这火苗。

马克思，第 40 卷 668 页

在政治上为了一定的目的，甚至可以同魔鬼结成联盟，只是必须肯定，是你领着魔鬼走而不是魔鬼领着你走。

马克思，第 8 卷 443 页

战胜敌人的是内部冲突较少的那支军队。

马克思，第 6 卷 480 页

我完全了解你① 参加宴会、饮酒并在军乐伴奏下跳舞、哼唱小夜曲所感到的苦恼。这里把这些叫做 social treadmill，社会应酬。年轻时有时感到大有乐趣，年老时就感到十分可厌。

恩格斯，第 39 卷 385 页

马克思在伦敦德意志工人协会演讲
作者：尼·尼·茹可夫

---

① 海尔曼·恩格斯，恩格斯的弟弟。

12月9日于不来梅　　　　　弗里德里希

恩格斯 1840 年 12 月
给妹妹玛丽亚信的最
后部分

　　这里[①]所说的 social treadmill，即社会应酬，只适合那些无所事事的人们，而愿意工作的人是不可能，也不会做这种事的。即使在曼彻斯特[②]的资产者中间，我也没有这样做过，现在就更不可能了。如果有事要找某某人，那就去找他，如此而已。

恩格斯，第 38 卷 263 页

---

① 伦敦。
② 恩格斯在曼彻斯特商业圈工作了 20 年。

41. 庸人

观察社会中的人，需要经验。林子大了，什么鸟都有；物以类聚，人以群分。社会上的不同人群，马克思和恩格斯见过的太多了，对各种类型的人的分析也鞭辟入里。阅读他们关于各种社会人群特点的评判，可以提高我们分析社会现象的能力。

庸人，即城市中的小市民。他们一般只具有初等文化水平，视野狭小，斤斤计较，只以眼前的得失作为衡量问题的标准。面对社会变迁，他们通常的态度是墨守成规。在信息接受方面，他们本能地回避不愉快的消息，甚至对传播这类消息的人表示厌恶。

而自傲的诗人，天生需要别人捧场，如果没有人捧场就活不下去。马克思遇到这样的人，实在无可奈何。

对那青云直上的一班人，

难道我也应当叫好奉承？

对这浮华加贪婪的生活，

难道我也应当俯首屈服？

巨人们，侏儒们！你们算什么？

还不是堆堆没有生命的石料！

我心灵之火不会献给你们，

我不屑用眼光朝你们一瞟。

马克思，第 40 卷 665 页

柏林的马克思和恩格斯铜像

　　愚蠢庸俗、斤斤计较、贪图私利的人总是看到自以为吃亏的
事情；譬如，一个毫无教养的粗人常常只是因为一个过路人踩了
他的鸡眼，就把这个人看做世界上最可恶和最卑鄙的坏蛋。他把
自己的鸡眼当做评价人的行为的标准。他把过路人和自己接触的
一点变成这个人的真正实质和世界的唯一接触点。然而，有人可能
踩了我的鸡眼，但他并不因此就不是一个诚实的、甚至优秀的人。

马克思，第 1 卷 148-149 页

　　只要冲破墨守成规的思想罗网，那末遇到的第一件事一定是
"抵制"——这是**墨守成规的人**一碰到困惑不解的事物时所使用
的唯一的自卫武器。

马克思，第 35 卷 149 页

柏林大学中的马克思 1837 年在校读书纪念碑

他①成了取笑的对象，并被称为讨厌的饶舌者。的确，平凡的庸人总是这样称呼任何一再谈论不愉快的事情的人，而不管这些事情多么重要。

恩格斯，第 22 卷 15-16 页

只有那些用尺子和每次的"报纸趣闻"来衡量世界历史的德国小市民才能想象：在这种伟大的发展中，二十年比一天长，虽然以后可能又会有一天等于二十年的时期。

马克思，第 30 卷 338 页

所有的诗人甚至最优秀的诗人多多少少都是喜欢别人奉承的，要给他们说好话，使他们赋诗吟唱。……诗人——不管他是一个怎样的人——总是需要赞扬和崇拜的。我想这是他们的天性。

马克思，第 28 卷 474 页

如果一个人，不论他的社会地位如何，也不论他多么平凡，忽然被发觉完全不是人们原先所认为的那个样子，那末通常他周围那些恼怒的和受骗的人们就必然要去翻查他的经历，搜出他的全部陈年旧账，回想起他的一切反常的行径，把他过去所有荒唐

---

① D.乌尔卡尔特（1805—1877），英国外交家，马克思的朋友。

古怪的举止——连缀起来，最后，怀着病态的满足心情得出这样
一个结论，即他们早该看出这种情况才对。

马克思，第 12 卷 631-632 页

亚当·斯密①说："绝大多数人的智能，必然会以他们的日常
事务为出发点，并以此为基础发展起来"。

马克思，第 18 卷 119 页

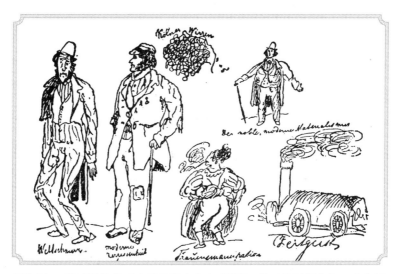

恩格斯 19 岁时描绘的"当代种种人物和现状"。他写的标题左起：悲伤厌
世；当代的衣衫褴褛；科隆（德国西部城市）的混乱；高贵的现代唯物主
义；妇女解放；时代精神。

---

① 亚当·斯密（Adam Smith，1723—1790），英国经济学家。

42. 投机者与宗派

政治上的风派，是马克思和恩格斯最瞧不起的人，因为他们是投机分子。学术上的这类人，以利益为转移，因而马克思甚至认为他们比流氓还可恶。

存在党派和不同观点是正常的，但是一旦将党派和观点的差异演变为宗派，事情的性质就起了变化。党派论战中的宗派主义者，形成某种准宗教组织，他们失去了理智，表里不一，一切以宗派的利益而不是观点正确与否为转移。

一个人在八年内不停地大叫大嚷，疯狂地、起劲地拥护革命，又反对革命，拥护普鲁士，又拥护教皇。这样的人能算稳重的人吗？这种人的抱怨往往又是对别人的告发，这种人是天生的告密者，他怀疑的人总是一批又一批，难道能把这种人列入我国稳重的公民吗?

恩格斯,第 41 卷 52 页

他① 总是重视对他有好处的那些人的成见和利益! 跟这样的精灵鬼比较,甚至最坏的流氓也是可敬的人。

马克思,第 30 卷 625 页

处处都有这样的人,他们为了维护一度采取的立场,竟不惜歪曲别人的思想和使用其他不正当的手段。

恩格斯,第 39 卷 312 页

最大的宗派主义者、争论成性者和恶徒,在一定的时机会比一切人都更响亮地叫喊团结。在我们的一生中,任何人给我们造成的麻烦和捣的鬼,都不比这些大嚷团结的人② 更多。

恩格斯,第 33 卷 592 页

俄国革命家、无政府主义者米哈伊尔·巴枯宁

自己设下骗局反过来害自己,——这是那些卖弄聪明的卑鄙的要弄权术的人常有的事。

恩格斯,第 36 卷 130 页

---

① W. 罗雪尔(1817—1894),德国经济学家。
② 指国际工人协会中的巴枯宁宗派主义者。

43. 功名为虚

各种荣誉、功名终究会烟消云散，但它们对人的诱惑依然很大，特别是对立志有作为的男性来说，追求功名似乎无可指责。但若为功名所累，变成对虚荣的追求，就需要读读马克思的劝告。

最聪明的人也往往会被一个虚名所迷惑。[①]

马克思，《关于波兰问题的历史》第 183 页，人民出版社 1979 年版

想当作家和求名的欲望，竟能使一个本来是相当聪明的小伙子变成蠢才！

马克思，第 31 卷 363 页

[①] 乔治·麦卡特尼爵士的话。

伟大的东西是光辉的，光辉则引起虚荣心，而虚荣心容易给人以鼓舞或者一种我们觉得是鼓舞的东西；但是，被名利弄得鬼迷心窍的人，理智已经无法支配他，于是他一头栽进那不可抗拒的欲念驱使他去的地方；他已经不再自己选择他在社会上的地位，而听任偶然机会和幻想去决定它。

马克思，第 40 卷 4 页

马克思（19 世纪 60 年代）　　　　恩格斯（19 世纪 60 年代）

马克思所做到的，我却做不到。马克思比我们一切人都站得高些，看得远些，观察得多些和快些。马克思是天才，我们至多是能手。没有马克思，我们的理论远不会是现在这个样子。所以，这个理论用他的名字命名是公正的。

恩格斯，第 21 卷 336 页

44. 逃避官职

在各种功名中，"当官"的诱惑力不小。马克思引用了荷兰首相托尔贝克的一句话：赶驴子的人总是被驴子憎恨的。这种诙谐的劝告难道不是一种哲理吗？

"领导"从来就不是令人愉快的事，所以我绝对不去追求它。我一直记着你①的父亲②关于托尔贝克③说的一句话："赶驴子的人总是被驴子憎恨的。"但是，一旦认真地做我认为是重要的事，

---

① A. 菲力浦斯（1837—1885），马克思的表妹。
② L. 菲力浦斯（1794—1866），马克思的姨夫。
③ 托尔贝克（Johan R.Thorbecke，1798—1872），当时为荷兰政府首相。

我这个"不安分的"人当然不愿意让步。

马克思，第 31 卷 506 页

荷兰时任总理托尔贝克

　　难道像我们这种逃避官职像逃避鼠疫一样的人，适合于有一个"党"吗？对于厌弃名望的我们，对于当自己开始有了名望时就对自己迷惑不解的我们，一个"党"，即一群把我们看作同他们一样因而对我们发誓的蠢驴，有什么意义呢？

恩格斯，第 27 卷 210 页

45. 拒绝捧场

德国哲学家和数学家莱布尼茨

习惯于别人捧场的人，没有这种一再出现的场面就很空虚。那么，读一读马克思和恩格斯本人受到各种赞扬时所说的话，也许会清醒一些。而恩格斯称赞的微积分的创始人莱布尼茨（他还在哲学、历史、语言、形式逻辑、生物、地质、机械、物理、法律、外交等方面都有独特的贡献），则是我们正确看待功名的榜样。

马克思征引了一句德国启蒙作家格林男爵的话：只有上帝才

有足够的幽默，不致由于对他所表示的尊敬而苦恼。这句诙谐的话虽然谈不上深刻，但对功名的幽默态度会使人不致失去理智。

我们两人①都把声望看得一钱不值。举一个例子就可证明：由于厌恶一切个人迷信，在国际②存在的时候，我从来都不让公布那许许多多来自各国的、使我厌烦的歌功颂德的东西；我甚至从来也不予答复，偶尔答复，也只是加以斥责。恩格斯和我最初参加共产主义者秘密团体时的必要条件是：摒弃章程中一切助长迷信权威的东西。（后来，拉萨尔③的所做所为却恰恰相反。）

马克思，第 34 卷 286-289 页

我恨透了弗莱里格拉特④之流。这群下流文人还是那个老样子：他们总是希望别人在报纸上奉承他们，不停地向读者提他们的名字，而且他们写的最蹩脚的诗对他们来说比世界上最大的事件还重要。……但是遗憾的是，我们这些不幸的共产党人对此完全不适用，不仅如此，我们还能看透这全部欺诈勾当，嘲笑这种功名组织，并对成名感到一种几乎是犯罪似的厌恶。

恩格斯，第 29 卷 621 页

---

① 马克思和恩格斯。
② 国际工人协会（1864—1876）。
③ 拉萨尔（Feidinand Lassalle，1825—1864），德国工人联合会领导人。
④ 弗莱里格拉特（Ferdinand Freiligrath，1810—1876），德国诗人。

　　莱布尼茨[①]经常把自己的天才思想向周围散布，而毫不介意功绩归于他自己还是归于别人。

恩格斯，第 20 卷 451 页

恩格斯和工人在一起
作者：尼·尼·茹可夫

　　给我想出这么个头衔[②]，简直是胡闹。……应该学会我们的表达方法，避免用广告式的语言。

恩格斯，第 38 卷 339 页

---

① 莱布尼茨（Gottfried W.Leibniz，1646—1716），德国哲学家和数学家。
② "目前健在的最老的和最大的经济学家"。

说实在的，我并不反对您① 给我的荣誉——把这本书题献给我。但是，首先，题献的做法一般说来已不兴时，其次，这种多少是突如其来的敬意表示，总是使马克思和我感到有些为难。特别是现在，我的心情正是这样，因为我觉得我的功绩被许多人估计得太过了。

恩格斯，第 36 卷 675 页

马克思和我都从来反对为个别人举行任何公开的庆祝活动，除非这样做能够达到某种重大的目的；我们尤其反对在我们生前为我们个人举行庆祝活动。

恩格斯，第 22 卷 309 页

我远没有祝寿的情绪，而且这完全是不必要的热闹，我无论如何不能忍受。而且归根到底，我主要是靠了马克思才获得荣誉！

恩格斯，第 37 卷 498 页

"只有上帝才有足够的幽默，不致由于对他所表示的尊敬而苦恼。"②

马克思征引，第 33 卷 629 页

---

① B. 舍恩兰克（1859—1901），德国新闻工作者。
② 德国作家 F. 格林（1723—1807）的话。

46. 从男性看女性

作为男性的马克思和恩格斯，自然是从男性的视角看妇女。从下面他们关于妇女的零碎议论中，可以看到他们对妇女特点的认识，有赞美，也有一些以经验为根据对她们心理特点的描述性意见。也许有些意见不符合女权主义的观点，不过，这些言论可以作为 19 世纪的文明男士与女士相互交流的一种历史性证据。

你们妇女比我们男人刚毅、坚强。你们在需要时所忍受的事情，我们是忍受不了的。

恩格斯，第 36 卷 248 页

要知道女人总是习惯于要求做不可能办到的事情。……女人是一种奇妙的创造物，甚至那些才智卓绝的也是这样。

马克思，第 30 卷 317 页

老年的燕妮·马克思

女人的心和其他任何人的心一样，总觉得如果能摈除一切障碍，让自己内心深处的思想任意翱翔，并使世界（哪怕是只在口头上、文字上）服从于自己内心的愿望。

马克思，第 6 卷 411 页

妇女们有她们自己的想法，……对于妇女们来说愿望是她们的天堂。

马克思，第 34 卷 443 页

像乔治·桑①和雪莱的夫人②这样的妇女是罕见的。怀疑心太容易挫伤妇女的性情，它赋予理智的力量之大，不适合于任何女性。但是，如果我们这些新时代的儿女们为之奋斗的思想是真理，那么，妇女的心很快也将为现代精神的思想之花而热烈跳动。

恩格斯，第 41 卷 99 页

谈到妇女时，人们常常这样说：她们从来不把自己要说的主要内容写在信文里，而总是放在附言中。

恩格斯，第 38 卷 259 页

卡德龙③大师教导我们：

"人生如梦，如疯狂，如幻想。"

每当你手下琴声之海的浪花飞溅时，

我愿永远流连在梦乡。

高贵女性的和谐的魔力，

驯服了人生的疯狂，

我把能住进田格–克雷文纳的家，

看作最美妙的幻想。

马克思，在田格④住宿簿上的留言，摘自《人间的普罗米修斯》

第 143 页，人民出版社 1982 年版

---

① 乔治·桑（George Sand，1804—1876），法国女作家。
② 玛丽·伍尔斯顿克拉夫特–雪莱（Mary W.Shelley，1797—1851），英国女作家，诗人 P. 雪莱的第二个妻子。
③ 卡德龙（Petro Carderon，1600—1681），西班牙剧作家。
④ 田格（Tenge），研究马克思学说的一位德国伯爵夫人。

47. 莫测的世界

　　每个人的行为都有心理背景支持，而最不可测量的就是人的内心。在社会层面，人的心理更为复杂和多变。具有丰富生活经验和深邃思考力的马克思和恩格斯，对此有极为深刻的认识。

　　在社会活动中，激情、热情是一种心理表现。孤独与耐心也是一种心理表现，它考验的是人的精神毅力。此外，还有耻辱、恐怖、妄自菲薄、短视等社会心理表现。对此，马克思和恩格斯都给予了简洁的说明。

　　人们头脑中和人们心中的秘密比海底的秘密更不可捉摸，更不易揭露。

马克思，第 2 卷 92 页

在社会历史领域内进行活动的，全是具有意识的、经过思虑或凭激情行动的、追求某种目的的人；任何事情的发生都不是没有自觉的意图，没有预期的目的的。……人们所期望的东西很少如愿以偿，许多预期的目的在大多数场合都彼此冲突，互相矛盾，或者是这些目的本身一开始就是实现不了的，或者是缺乏实现的手段的。这样，无数的个别愿望和个别行动的冲突，在历史领域内造成了一种同没有意识的自然界中占统治地位的状况完全相似的状况。行动的目的是预期的，但是行动实际产生的结果并不是预期的，或者这种结果起初似乎还和预期的目的相符合，而到了最后却完全不是预期的结果。

恩格斯，第 21 卷 341 页

人作为对象性的、感性的存在物，是一个**受动的**存在物；因为它感到自己是受动的，所以是一个有**激情**的存在物。激情、热情是人强烈追求自己的对象的本质力量。

马克思，第 42 卷 169 页

再没有什么比冒失更坏的了；一时激动作出的决定在我们看来似乎总是非常高尚的和英雄主义的，但是通常会导致蠢举，这一点我已经有了千百次的亲身经验。

恩格斯，第 36 卷 158-159 页

恩格斯画的素描：年轻人击剑（1840 年）

情趣是激发不出来的，而没有情趣，一切就是勉强的了。

恩格斯，第 41 卷 423 页

愤怒出诗人[①]——我的文章写得好。

马克思，第 29 卷 441 页

古罗马诗人 D. 尤维纳利斯

---

① 套用古罗马诗人 D. 尤维纳利斯（60—127）的诗句。

具有某种程度的热情对于一个战斗者倒是相称的，一个无动于衷地拔剑出鞘的人，很少是满腔热忱地对待他为之奋战的事业的。

恩格斯，第 41 卷 202 页

一个人任何时候都不应以过于美好的希望来安慰自己！

马克思，第 35 卷 42 页

长久不能实现的希望使人痛苦，而长久不能证实的预言使人怀疑。

马克思，第 13 卷 178 页

孤独我实在忍受不了。我决心强制自己去作消遣。这很有效，现在我又是老样子了。

恩格斯，第 30 卷 324 页

当什么事都这样不顺利的时候，人是会失去任何耐心的。我真烦恼得完全病倒了。

马克思，第 29 卷 376 页

满腹衷情在任何情况下总是一吐为快。

马克思，第 42 卷 184 页

狂信心理是不能持久的。

恩格斯，第 33 卷 594 页

弱者总是靠相信奇迹求得解放，以为只要他能在自己的想像中驱除了敌人就算打败了敌人；他总是对自己的未来以及自己打算建树、但现在还言之过早的功绩信口吹嘘，因而失去对现实的一切感觉。

马克思，第 8 卷 125 页

用克劳塞维茨[①]的话来说，战斗像潮湿的火药，慢慢地燃烧，消耗着双方的力量，而取胜一方**确实**争得的利益，与其说是物质上的，还不如说是精神上的。

恩格斯，第 30 卷 233 页

卡尔·克劳塞维茨

---

① 卡尔·克劳塞维茨（Karl Clausewitz, 1780—1831），普鲁士军事理论家。

妄自菲薄是一条毒蛇，它永远啮噬着我们的心灵，吮吸着其中滋润生命的血液，注入厌世和绝望的毒液。

马克思，第 40 卷 5 页

耻辱就是一种内向的愤怒。如果整个国家真正感到了耻辱，那它就会像一只蜷伏下来的狮子，准备向前扑去。

马克思，第 1 卷 407 页

恐怖多半都是无济于事的残暴行为，都是那些心怀恐惧的人为了安慰自己而干出来的。

恩格斯，第 33 卷 56 页

对于被这种**洋洋得意的**自满情绪用来吹捧自己作品的毫无分寸的赞美话，我们不想作不好的解释，因为把自己个人的狭隘界限当作全世界固有的界限，当作它的柱石，这是狭隘性的本性。

马克思，第 40 卷 314 页

48. 正视不愿接受的信息

在信息流通中，人的接受心理也很复杂。马克思和恩格斯多次谈到这方面的问题，他们对人接受信息的自然反应的分析，以及正视、批判的态度，都令人玩味。

正视罪恶所需的勇气和由于了解了情况而产生的沉着镇定对心灵和感情所起的作用，归根到底要比胆怯的理想化的伤感主义好得多，伤感主义只是从建立在幻想上因而是没有也不可能有的虚构理想中寻求安慰，以逃避悲惨的现实。

恩格斯和赫斯[1]，第 42 卷 416 页

---

[1] 赫斯（Moses Hess，1812—1875），德国社会主义者。

每当听到坏消息的时候，你们总是忘记那句旧谚语：鬼并不像描绘的那样可怕。

恩格斯，第 36 卷 307 页

在反社会党人法①颁布之后，本书②和几乎所有当时正在流行的我的其他著作一样，立即在德意志帝国遭到查禁。谁要是不死抱住神圣同盟③各国的传统的官僚偏见不放，谁就一定会清楚地了解这种措施的效果：被禁的书籍两倍、三倍的畅销，这暴露了柏林的大人先生们的无能，他们颁布了禁令，但却不能执行。事实上，由于帝国政府的照顾，我的若干短篇著作发行了比我自身努力所能达到的更多的新版；我没有时间对本文作适当的修订，而大部分不得不简单地听其照旧版翻印。

恩格斯，第 20 卷 10 页

当舵手本人都在急忙上救生艇的时候，乘客有一切根据认为船免不了要沉了。

马克思，第 12 卷 316 页

---

① 1878—1890 年俾斯麦颁布并实施德国反社会党人非常法。
② 恩格斯《反杜林论》。
③ 1815 年沙皇俄国、奥地利和普鲁士等建立的欧洲各专制君主的反动联盟。

亚里士多德^①说过，惊奇是发议论的开端。

马克思，第 1 卷 133 页

亚里士多德

色彩的感觉是一般美感中最大众化的形式。

马克思，第 13 卷 145 页

---

① 亚里士多德（Aristoteles，前 384—前 322），古希腊哲学家。

49. 惰性力

继承传统是好事吗？至少从现在的宣传看，似乎这是正面行为。但马克思和恩格斯的《共产党宣言》强调，要在与传统的决裂中创造新的世界。在这个意义上，他们关于"传统"的论述，几乎全部是批判性的。

共产主义革命就是同传统的所有制关系实行最彻底的决裂；毫不奇怪，它在自己的发展进程中要同传统的观念实行最彻底的决裂。

马克思和恩格斯，《马克思恩格斯文集》第 2 卷 52 页

传统是一种巨大的阻力，是历史的惰性力，但是由于它只是消极的，所以一定要被摧毁。

恩格斯，第 22 卷 360 页

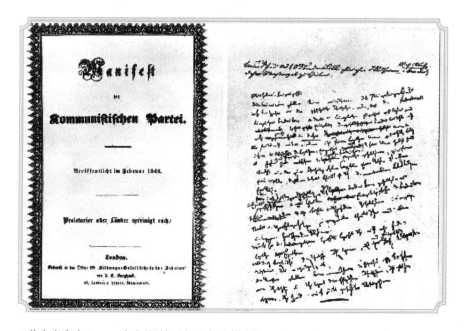

《共产党宣言》1848 年初版封面和马克思草稿的一页（最上面两行是马克思夫人燕妮的手迹）

在一切意识形态领域内传统都是一种巨大的保守力量。但是，这些材料所发生的变化是由造成这种变化的人们的阶级关系即经济关系引起的。

恩格斯，第 21 卷 351 页

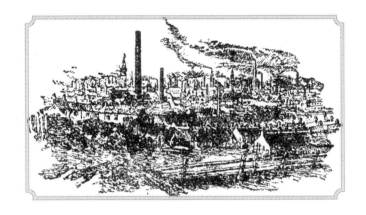

50. 梦魇般的传统

从传统社会向现代社会的转变本身，随时随地存在着摆脱传统观念的问题。然而，传统的观念总是梦魇般地、顽强地保留在一代又一代人的头脑中。传统观念的消除，以产生传统观念的政治制度和经济基础的变革为前提。

"一个悲伤厌世的小伙子"（恩格斯 1839 年的素描）

一切已死的先辈们的传统，像梦魇一样纠缠着活人的头脑。当人们好像只是在忙于改造自己和周围的事物并创造前所未闻的事物时，恰好在这种革命危机时代，他们战战兢兢地请出亡灵来给他们以帮助，借用它们的名字、战斗口号和衣服，以便穿着这种久受崇敬的服装，用这种借来的语言，演出世界历史的新场面。

马克思，第 8 卷 121 页

我们①也同西欧大陆所有其他国家一样，不仅苦于资本主义生产的发展，而且苦于资本主义生产的不发展。除了现代的灾难而外，压迫着我们的还有许多遗留下来的灾难，这些灾难的产生，是由于古老的陈旧的生产方式以及伴随着它们的过时的社会关系和政治关系还在苟延残喘。不仅活人使我们受苦，而且死人也使我们受苦。死人抓住活人！

马克思，第 23 卷 8-11 页

传统在非文明人当中具有生命力。

马克思，第 46 卷下册 323 页

借更改名称以改变事物，乃是人类天赋的诡辩法，当实际的利益十分冲动时，就寻找一个缝隙以便在传统的范围以内打破传统！

马克思，第 45 卷 467 页

① 德国。

51. 减弱传统

传统观念表现为各种形式，例如生活在祖先辉煌的光圈里不能认识现实的自身、对旧的愚昧习俗的尊崇等。马克思和恩格斯面对传统的气概，需要我们新一代人跟进。

在这个国家[①]里，"明天再说"是日常生活中的口头禅，每个人都会告诉你说，"我们的祖先用了八百年才把摩尔人赶走"，因此只有不熟悉这个国家的奇特的风俗习惯的人，才会对这种进步的缓慢感到惊异。

马克思，第 12 卷 49 页

———————————

① 西班牙。

回忆昔日的伟大是法国人的不幸，甚至是工人的不幸！必须让事变把这种对过去的反动迷信一劳永逸地粉碎！

马克思，第 33 卷 155 页

克劳德·爱尔维修

如果需要进行改革来消除个人利益和公共利益之间的矛盾，那末为了进行这种改革，就必须根本改变人的意识："只有当人民对旧的法律和习俗的愚昧的尊敬减弱时，才能实现伟大的改革"①。

马克思，第 2 卷 169 页

———————————

① 法国哲学家 C. 爱尔维修 (1715—1771) 的话。

六、经济生活

52. 摆脱鬼商业

　　我们处在市场经济的环境下，必须学会在这种环境中生活。市场经济在马克思和恩格斯生活的 19 世纪的欧洲，已经相当发达，于是，他们也向我们提供了这种生活的经验。例如，如何看待买进和卖出、商业交换和交换媒介——货币，等等。

　　就马克思和恩格斯的本意来说，他们厌恶市场经济的生活价值，追求自由的创作和斗争目标的实现。下面的几段话应该是他们的心声，特别是恩格斯就要告别二十年的商业活动时说的那些话。

　　根据我自己的切身体会（尽管这是早已过去的事了），为生存而进行的经济斗争对一个人的工作能力、工作愿望和工作时间会有多大的影响。

恩格斯，第 38 卷 343 页

我必须不惜任何代价走向自己的目标，不允许资产阶级社会把我变成制造金钱的机器。

马克思，第 29 卷 550-551 页

作家当然必须挣钱才能生活，写作，但是他决不应该为了挣钱而生活，写作。

贝朗热① 唱道：

> 我活着只是为了编写诗歌，
>
> 呵，大人，如果您剥夺了我的工作，
>
> 那我就编写诗歌来维持生活，

在这种威胁中隐含着嘲讽的自白：诗一旦变成诗人的手段，诗人就不成其为诗人了。

马克思，第 1 卷 87 页

一大堆家务琐事毁灭了我的才智，破坏了我的工作能力，使我极端愤怒；像这样的泥沼，甚至是我最凶恶的敌人，我也不希望他在其中跋涉。

马克思，第 29 卷 330 页

---

① 贝朗热（Pierre-Jean de Béranger，1780—1857），法国讽刺诗人。

皮埃尔·让·贝朗热

　　我就要**彻底抛弃**商业；因为如果现在还独自创业，那就是说，要极其辛勤地操劳五六年而得不到什么显著的结果，然后要再干五六年才能收获前五年的果实。这会把我彻底毁掉的。我最渴望不过的事情，就是摆脱这个鬼商业，它占去了一切时间，使我的精神完全沮丧了。只要我还在经商，我就什么也不能干；尤其是我当上老板之后，负的责任更大，情况也就更糟了。如果不是为了增加收入，我真想再当办事员。无论如何，再过几年我的商人生活就要结束，……等我脱身出来的时候，我打算开他一个大大的玩笑，写一本有趣的书：《英国资产阶级的苦恼和欢乐》。

恩格斯，第 31 卷 297 页

53. 天才也得付钱，利益没有记忆

然而，从整个社会发展的视角，他们以中世纪为背景，充分肯定了现代经济生活对人的发展的意义，认为这是一种巨大的进步，从而肯定了现代商业和工业对人类发展的意义。而从现代批判的视角，他们对一切活动以价值规律作为衡量准则的世界观进行了批评。他们认为经济生活有自身的发展阶段，具体的人不可能跳跃这种发展阶段，如他们所说，共产主义不是提出道德要求，诸如不要做利己主义者等，而是说明不论是利己主义还是自我牺牲，都是在一定条件下个人实现自我的必要形式。

对于商业气质和市场经济的时效意识，恩格斯给予了客观的分析。同时，马克思和恩格斯也对一切以赚钱为目的的世界观如何剥夺人的个性发展，如何使精神生活被迫服从利益，进行了理性分析。

一切所谓最高尚的劳动——脑力劳动、艺术劳动等都变成了交易的对象，并因此失去了从前的荣誉。全体牧师、医生、律师等，从而宗教、法学等，都只是根据他们的商业价值来估价了，这是多么巨大的进步呵。

> 马克思，第 6 卷 659-660 页

共产主义者根本不进行任何**道德**说教，……共产主义者不向人们提出道德上的要求，例如你们应该彼此互爱呀，不要做利己主义者呀等等；相反，他们清楚地知道，无论利己主义还是自我牺牲，都**是**一定条件下个人自我实现的一种必要形式。

> 马克思和恩格斯，第 3 卷 275 页

天才人物也必须饮食起居，以至为此付钱，这对我们老实的德意志人说来是一种毫无诗意的想法，所以他们根本不会产生这种念头，而且认为这种想法是有损尊严的。

> 恩格斯，第 30 卷 334 页

这些人 ① 都不愿谋求正当的生活出路，他们满脑袋的所谓创造发明，以为只需花几个英镑搞出这些发明，就会带来成百万英

———————
① 法国流亡者。

镑。谁要抱着这种十足天真的想法去这样做，那他不仅会让人把钱骗走，而且还会落得个资产者的名声。

恩格斯，第 33 卷 646-647 页

恩格斯（1844 年）

现实的私有财产恰好是最普遍的东西，是和个性没有任何关系、甚至是直接破坏个性的东西。只要我表现为私有者，我就不能表现为个人——这是一句每天都为图金钱而缔结的婚姻所证实的话。

马克思和恩格斯，第 3 卷 253-254 页

私有财产不仅夺去人的个性，而且也夺去物的个性。……金钱是财产的最一般的形式，它与个人的独特性很少有共同点，它甚至还直接与个人的独特性相对立。

马克思和恩格斯，第 3 卷 254 页

在今天，时间即金钱。

恩格斯，第 21 卷 466 页

马克思和恩格斯

人的心是很奇怪的东西，特别是当人们把心放在钱袋里的时候。

马克思，第 23 卷 255 页

利益是没有记忆的，因为它只考虑自己。它所念念不忘的只是一件东西，即它最关心的东西——自己。

马克思，第 1 卷 163 页

54. 赚它一百万

积极参与现代经济生活，同时警惕这种生活对精神独立的剥夺，这是马克思和恩格斯经常考虑的问题。为了革命需要，恩格斯表示他会马上回到交易所去赚它一百万；为了维持生活，马克思也到交易所赚了几百英镑。问题不在于回避，而在于要对资本主义的运作实质十分清楚。

有意思的是，现在闻名于世的荷兰飞利浦公司的创始人，是马克思的表弟弗里德里希·菲力浦斯（Friedrich Philips，马克思母亲妹妹的儿子），他是荷兰的银行家，1891 年创立飞利浦公司。马克思与他的表弟走了一条完全不同的生活道路。

　　亚当·斯密颂扬商业，说商业是人道的，这是对的。世界上本来就没有绝对不道德的东西；商业对道德和人性也表示过应有的尊重。……当然，商人为了自己的利益必须同廉价卖给他货物的人们和高价买他的货物的人们保持良好的关系。因此，一个民族要是惹起它的供应者和顾客的敌视，那它就实在太愚蠢了。它表现得愈友好，就对它愈有利。商业的人道就在于此，而这种为了达到不道德的目的而滥用道德的伪善手段就是贸易自由论所引以自豪的东西。……你们在什么时候做事情是纯粹从人道的动机出发，是从公共利益和个人利益之间不应存在对立这种意识出发的呢？你们什么时候讲过道德，什么时候不图谋私利，不在心底隐藏一些不道德的自私自利的邪念呢？

恩格斯，第 1 卷 601-602 页

亚当·斯密

商人的品质：用耐心等待和实验的办法去追求既定目标，直到有利时机的到来；经常开着后门的外交；善于讨价还价；为了利益可以受屈辱；硬着头皮说："我们决不骗人"，总之——在一切方面都是商人的气质。

恩格斯，第 31 卷 298 页

他们^①是在商业中受的教育，并且是为了商业而受教育的，他们善于经营商业，并且善于讲价钱。他们知道：讨价必须很高，但让价也必须慷慨。

恩格斯，第 21 卷 467 页

一个人自己可以当一个不错的交易所经纪人，同时又是社会主义者，并因此仇恨和蔑视交易所经纪人**阶级**。难道我什么时候会想到要为我曾经当过工厂股东^②这件事进行辩解吗？要是有人想要在这方面责难我，那他就会遭到惨重的失败。如果我有把握明天在交易所赚它一百万，从而能使欧洲和美洲的党得到大批经费，我马上就会到交易所去。

恩格斯，第 35 卷 445 页

---

① 德国商人。
② 1849—1870 年，恩格斯在曼彻斯特他父亲的纺织公司当办事员和股东。

19世纪的伦敦交易所

　　医生不许我从事紧张的和长时间的脑力劳动，所以我——这会使你 ① 大吃一惊——就做起投机生意来了，一部分是做美国国家有息证券的投机，但**主要**是做英国股票投机，英国股票今年在这里如雨后春笋般地增加起来（这是些五花八门的股份企业，它们扩充到不可思议的规模，然后又纷纷倒台）。我用这个办法赚了四百多英镑，而现在，当错综复杂的政治局势又给投机活动大开方便之门的时候，我又开始搞起来了。搞这种事情占去时间不多，而且只要稍微冒一点风险就可以从自己的对手那里把钱夺过来。

马克思，第 30 卷 662 页

---

① L.菲力浦斯，马克思的姨夫。

七、科学教育

55. 科学与常识

　　我们常说的科学，通常是指自然科学。其实"科学"这个概念是自然科学、人文科学和社会科学的统称。科学不断打破日常经验的狭小眼界，给人提供了正确认识世界的工具。

　　马克思和恩格斯都强调，科学不是大众的日常生活经验；科学不是法定的，也不能少数服从多数。一旦科学家追随统治者，他的"科学"很可能变成统治权术的一部分。

　　任何现实领域的纯粹理想性都只有作为**科学**才能存在。

马克思，第 1 卷 255 页

　　日常经验只能抓住事物诱人的外观，如果根据这种经验来判断问题，那末科学的真理就会总是显得不近情理了。

马克思，第 16 卷 143 页

　　庸俗经济学家的这种**看问题的方法**是怎样产生的：由于反映在他们头脑里的始终只是各种关系的直接的**表现形式**，而不是它们的**内在联系**。情况如果真像后面说的这样，那末还要科学做什么呢？

马克思，第 31 卷 318 页

弗朗西斯·培根

　　"一个人，如果凭着真正的无穷的智慧，不急于下结论，逐步向前，逐个地攻破那些像高山一样横在科学研究道路上的障碍，那他就必定能达到科学的顶峰，置身于幽雅的环境，新鲜的空气中，这里大自然的美景全部展现在我们的眼前，沿着倾斜平顺的小路，可以从这里下达实践中最细小的环节。"①

马克思征引，第 1 卷 473 页

如果事物的表现形式和事物的本质会直接合而为一，一切科学就都成为多余的了。

马克思，第 25 卷 923 页

黑格尔关于某些数学公式所说的话，在这里也是适用的。他说，普通常识认为不合理的东西，其实是合理的，而普通常识认为合理的东西，其实是不合理的。

马克思，第 25 卷 878 页

乔治·黑格尔

---

① 英国哲学家 F. 培根 (1561—1626) 的话。

常识在它自己的日常活动范围内虽然是极可尊敬的东西，但它一跨入广阔的研究领域，就会遇到最惊人的变故。

恩格斯，第 20 卷 24 页

形而上学的思维方式，虽然在相当广泛的、各依对象的性质而大小不同的领域中是正当的，甚至必要的，可是它每一次都迟早要达到一个界限，一超过这个界限，它就要变成片面的、狭隘的、抽象的，并且陷入不可解决的矛盾，因为它看到一个一个的事物，忘了它们互相间的联系；看到它们的存在，忘了它们的产生和消失；看到它们的静止，忘了它们的运动；因为它只见树木，不见森林。例如，在日常生活中，我们知道，并且可以肯定地说某种动物存在还是不存在；但是在进行较精确的研究时，我们就发现这有时是极其复杂的事情。

恩格斯，第 20 卷 24-25 页

科学性是不能法定的。

恩格斯，第 34 卷 57 页

对科学著作来说确实不存在民主法庭。

恩格斯，第 34 卷 264 页

56. 地狱的入口

科学研究与大众生活的丰富性不同，在一定程度上是孤独的。科学家必须有毅力，不顾舆论偏见而走自己的路，因而马克思把科学的入口比喻为地狱的入口。

恩格斯特别指出，对于科学家，他的信念就应该是科学追求本身，这与意识形态要相区别。如果以意识形态作为研究科学的目的，就有陷入先验主义的危险。

在科学的入口处，正像在地狱的入口处一样，必须提出这样的要求：

"这里必须根绝一切犹豫；

这里任何怯懦都无济于事。"①

马克思，第 13 卷 11 页

任何的科学批评的意见我都是欢迎的。而对于我从来就不让步的所谓舆论的偏见，我仍然遵守伟大的佛罗伦萨诗人②的格言：

走你的路，让人们去说罢！③

马克思，第 23 卷 13 页

哲学研究的首要基础是勇敢的自由的精神。

马克思，第 40 卷 112 页

马克思（19 世纪 60 年代）

您④把经济学上的"政治的和社会的理想"强加给马克思，马克思是会提出抗议的。你是"科学家"，你就没有理想，你就去研究出科学的结论，如果你又是一个有信念的人，你就为实现这些科学结论而战斗。但是，如果你有理想，你就不能成为科学家，因为你已经有了先入之见。

恩格斯，第 36 卷 198 页

---

① A.但丁《神曲》里的诗句。
② A.但丁（1265—1321）。
③ 套用《神曲》里的诗句。
④ P.拉法格，马克思的二女婿、法国工人党的理论宣传家。

科学绝不是一种自私自利的享乐。有幸能够致力于科学研究的人，首先应该拿自己的学识为人类服务。

马克思，《摩尔和将军》第 89 页，人民出版社 1982 年版

我希望为我们的党取得科学上的胜利。

马克思，第 29 卷 554 页

通过批判使一门科学第一次达到能把它辩证地叙述出来的那种水平，这是一回事，而把一种抽象的、现成的逻辑体系应用于关于这一体系的模糊观念上，那完全是另外一回事。

马克思，第 29 卷 264 页

最近的将来将是一个风暴的时代。假如我只是从自己的个人爱好出发，我也许会希望这种表面上的宁静再继续几年。无论如何，这是从事科学工作的最好的时候。

马克思，第 29 卷 532 页

如果一个人整天都从事高尚的商业，那在语文学这样内容非常浩繁的科学方面，他不可能超出不折不扣的一知半解。

恩格斯，第 29 卷 564 页

57. 科学思维

　　科学有自身的工作规律，尊重科学，就要尊重科学的规律。在这方面，马克思和恩格斯的论述同样十分深刻。

　　马克思还注意到，作为脑力劳动产物的科学，其价值的估价总是比它的实际价值低得多，因为一旦普及某种科学或再生产某种科学产品，其成本极低，但是生产科学本身的代价是高昂的，需要几代人付出巨大的劳动。

　　万事开头难，每门科学都是如此。

马克思，第 23 卷 7 页

　　对人类生活形式的思索，从而对它的科学分析，总是采取同实际发展相反的道路。这种思索是从事后开始的，就是说，是从发展过程的完成的结果开始的。

马克思，第 23 卷 92 页

正如一切科学的历史进程一样，在到达它们的真正出发点之前，总要经过许多弯路。科学和其他建筑师不同，它不仅画出空中楼阁，而且在打下地基之前就造起大厦的各层住室。

马克思，第 13 卷 47 页

霍布斯[①] 认为技艺之母是**科学**，而不是**实行者的劳动**：

"对社会有意义的技艺，如修筑要塞、制造兵器和其他战争工具，……它们的真正母亲是**科学**，**即数学**，但由于它们是在工匠手里产生出来的，它们就被看成是工匠的产物，就像老百姓把助产婆叫做母亲一样。"

马克思，第 26 卷 I 册 377 页

托马斯·霍布斯

---

① 托马斯·霍布斯（Thomas Hobbes，1588—1679），英国哲学家。

一种科学只有在成功地运用数学时，才算达到了真正完善的地步。

马克思，《摩尔和将军》第 95 页，人民出版社 1982 年版

在科学上，一切定义都只有微小的价值。

恩格斯，第 20 卷 90 页

恩格斯（19 世纪 90 年代初）

对脑力劳动的产物——科学——的估价，总是比它的价值低得多，因为再生产科学所必要的劳动时间，同最初生产科学所需要的劳动时间是无法相比的，例如学生在一小时内就能学会二项式定理。

马克思，第 26 卷 I 册 377 页

58. 理论的地位

提到理论，可能我们会想到很深奥的东西。其实，马克思和恩格斯谈到的理论是相对于实践而言的，不是指学术研究，而是对于社会生活、政治、经济、文化运转中的思考或理念。

任何实际的行动，其实都是在一定的理论指导下展开的，只是许多时候人们没有意识到理论在发挥作用。例如马克思讲述的人建造房屋，在建造之前，房子就已经在他的头脑里形成了，关于房子样式的设想就是一种理论，在这个理论指导下房子才可能成为现实。但是，理论的不自觉和无意识，影响了实践的质量，也影响了理论的科学性和理论的与时俱进。在这个意义上，他们重视理论，从个人的理论素养到民族的理论思维。

无论对一切理论思维多么轻视，可是没有理论思维，就会连两件自然的事实也联系不起来，或者连二者之间所存在的联系都无法了解。在这里，唯一的问题是思维得正确或不正确，而轻视理论显然是自然主义地、因而是不正确地思维的最确实的道路。

恩格斯，第 20 卷 399 页

老年马克思（1882 年）

一个民族想要站在科学的最高峰，就一刻也不能没有理论思维。

恩格斯，第 20 卷 384 页

理论在一个国家的实现程度，决定于理论满足这个国家的需要的程度。

马克思，第 1 卷 462 页

最蹩脚的建筑师从一开始就比最灵巧的蜜蜂高明的地方，是他在用蜂蜡建筑蜂房以前，已经在自己的头脑中把它建成了。劳动过程结束时得到的结果，在这个过程开始时就已经在劳动者的表象中存在着，即已经观念地存在着。他不仅使自然物发生形式变化，同时他还在自然物中实现自己的目的，这个目的是他所知道的，是作为规律决定着他的活动的方式和方法的，他必须使他的意志服从这个目的。

马克思，第 23 卷 202 页

伦敦出版了麦克拉伦的一本关于全部通货史的著作；就《经济学家》的摘引看来，这是一本第一流的书。图书馆还没有，这些东西总是在出版了几个月以后才会到那里。但是，在完成我的论述之前，我当然应该把这本书看一遍。因此，我让妻子到西蒂区找出版商。但使我们吃惊的是，书价竟达九先令六便士，比我们整个"军费"金库所存还要多。因此我很希望你能把这笔钱用邮局汇票寄给我。也许这本书对我说来没有什么新东西；不过，由于《经济学家》的推荐和我自己读了这些摘引，我的理论良心不允许我不读这本书就写下去。

马克思，第 29 卷 316 页

59. 理论对实践

理论对于实践的意义，在于使实践变得自觉，有计划、有目的的行动需要理论指导，需要理论说服所有参与者。否则，只有从错误中再度体验理论的重要意义。

理论一经掌握群众，也会变成物质力量。理论只要说服人，就能掌握群众；而理论只要彻底，就能说服人。所谓彻底，就是抓住事物的根本。

马克思，第 1 卷 460 页

在理论方面还有很多工作需要做，特别是在经济史问题方面，以及它和政治史、法律史、宗教史、文学史和一般文化史的关系这些问题方面，只有清晰的理论分析才能在错综复杂的事实中指明正确的道路。

恩格斯，第 37 卷 283 页

19 世纪大英博物馆的图书馆

盎格鲁撒克逊人的头脑，特别是在美国经过了一番非常讲究实际的发展，一点也不重视理论，除非是迫切的需要促使他们去

接受理论，所以我的最大指望就是，我们的朋友们从自身错误的
后果中得到的教训，会教育他们去钻研理论。

恩格斯，第 36 卷 495 页

人是由思想和行动构成的。不见诸行动的思想，只不过是人
的影子；不受思想指导和推崇的行动，只不过是行尸走肉——没
有灵魂的躯体。①

马克思征引，第 12 卷 618 页

---

① 意大利革命家 G. 马志尼（1805—1872）的话。

60. 灰色的理论

　　然而，理论一旦形成，又往往容易僵化。在这个意义上，理论是灰色的，生活之树常青。这时，与时俱进地修正理论显得特别重要。马克思所说的名言"一步实际运动比一打纲领更重要"，便是在这种情况下提出的。理论来自实践，理论需要依据新的实践来调整，用以指导新的实践。在党的理论方面，如恩格斯所说，"在自己的活的、经常变化的需要中去寻找自己的法规"。

　　任何一种社会哲学，只要它还把某几个论点奉为最后结论，还在开莫里逊氏丸①的药方，它就远不是完备的；我们最需要的

———————————
① 一种假药。

不是干巴巴的几条结论，而是**研究**。结论要是没有使它得以成为结论的发展，就毫不足取，这一点我们从黑格尔那时就已经知道了；结论如果变成一种故步自封的东西，不再成为继续发展的前提，它就毫无用处。

恩格斯，第 1 卷 642 页

恩格斯在第二国际代表大会期间（1893 年）

我的朋友，任何理论都是灰色的，唯有事业才常青[①]。

马克思，第 30 卷 281 页

重读了你的这一著作[②]，我惋惜地感到，我们渐渐老了。这本书写得多么清新、热情和富于大胆的预料，丝毫没有学术上和科学上的疑虑！连认为明天或后天就会亲眼看到历史结果的那种

---

① 套用德国作家 J. 歌德（1749—1832）《浮士德》里的对话。
② 恩格斯 1844 年的著作《英国工人阶级状况》。

幻想，也给了整个作品以热情和乐观的色彩，与此相比，后来的
"灰色而又灰色"就显得令人极不愉快。

马克思，第 30 卷 339 页

实践胜于一切理论。

马克思，第 32 卷 191 页

一步实际运动比一打纲领更重要。

马克思，第 34 卷 130 页

党如果现在还让自己受以前在安逸的和平时期作出的种种代
表大会决议的约束，那末它就是给自己带上枷锁。一个有生命力
的党所借以进行活动的法权基础，不仅必须由它自己建立，而且
还必须可以随时改变。……在自己的活的、经常变化的需要中去
寻找自己的法规。如果党甘愿使这种需要服从于那些已经僵化和
死去的旧决议，那它就是自掘坟墓。

恩格斯，第 34 卷 394-395 页

61. 教育独立

　　教育，形式上对老师来说是教书，对学生来说，是读书。但是，主导权始终在教育者一方。作为教育的研究者和家长，马克思和恩格斯对教育予以了较多的关注。他们领导的第一国际（国际工人协会，1864—1876）多次做出关于教育的决议。

　　对于未来的教育，他们主张生产劳动与智育、体育相结合（马克思在当时背景下提倡适当的体力劳动，信息时代的"劳动"形式发生了很大的变化，实践的内涵当然也将随之变化），要求将宗教、政治意识形态的内容从小学和中学教育中剔除。只有在成年人的教育课程中，才可以开设关于宗教和政治方面的研究课程，以防止宗教和政治偏见使孩子们在童年时代就培养起宗教仇恨和政治狂热。

未来教育对所有已满一定年龄的儿童来说，就是生产劳动同智育和体育相结合，它不仅是提高社会生产的一种方法，而且是造就全面发展的人的唯一方法。

马克思，第 23 卷 530 页

劳动是活的、塑造形象的火。

马克思，第 46 卷上册 331 页

体力劳动是防止一切社会病毒的伟大的消毒剂。

马克思，第 31 卷 538 页

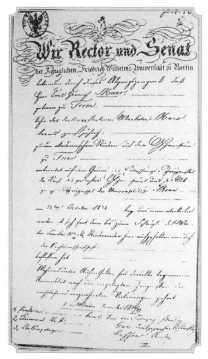 

马克思柏林大学的毕业证书　　　马克思耶拿大学的哲学博士证书

从一切公立学校中取消宗教教育（同时实施免费教育），使其回到私人清修生活的范围里去，靠信徒的施舍维持；使一切学校不受政府的监护和奴役，——所有这一切必然要摧毁精神压迫的力量，使科学不仅成为人人有份的东西，而且也摆脱掉政府压制和阶级成见的桎梏。

马克思，第 17 卷 647 页

无论是小学还是中学，都不应该开设那些容许进行政党的或阶级的解释的课目。只有像自然科学、文法等等这样的课目才可以在学校里讲授。譬如说，文法规则就不会因讲解它的是一个信教的托利党人还是一个自由思想者而有所改变。容许得出相互矛盾的结论的课目应当从学校里删去；只有成年人才可以在开宗教讲座的罗女士[①] 那样的教师的指导下研究它们。

马克思，第 16 卷 656 页

国教教会成立了自己的国民学校，每一个教派也都成立了自己的学校，而它们这样做的唯一目的就是要把本教教徒的孩子保留在自己的怀抱里，可能的话，还要从别的教派那里把某些不幸的孩子的灵魂抢夺过来。结果是，宗教，而且恰好是宗教的最无聊的一面（即对异教教义的辩驳）成了最主要的课程，孩子们的脑子里塞满了不能理解的教条和各种神学上的奥妙东西，从童年时期起就培养起教派的仇恨和狂热的偏执，而一切智力的、精神的和道德的发展却被可耻地忽视了。

恩格斯，第 2 卷 396 页

---

① 哈里埃特·罗（Harriet Law，1832—1897），英国无神论运动活动家。

62. 念书的艺术

就具体的教育问题，马克思和恩格斯提出了许多具体的学习制度和方法，例如马克思建议每个学生都要经过一段寄宿制教育，以培养自理能力和体验集体生活；恩格斯提出改变上课的时间，以提高上课的质量。

念书是一种真正的艺术，只有经过长期的学习才能学会。

恩格斯，第 2 卷 397 页

我总认为，要彻底完成对你[①]的教育，还需要经过像住宿学

———

[①] 劳拉·马克思（1845—1911），马克思的二女儿。

校的那种训练。这对你是很有好处的。

马克思，第 31 卷 524-525 页

柏林今年夏季酷热，许多中学完全取消了下午的课程，而把上午的课程延长了一小时。结果完全出乎意料：青年们的进步异常迅速，现在将以更大的规模进行试验。

恩格斯，第 32 卷 172 页

复习是学业之母。①

马克思征引，第 16 卷 130 页

恩格斯（19 世纪 60 年代）

---

① 拉丁谚语。——编者注

要做好工程作业，除了需要理论知识外，还需要有传统的实践，而这绝非一日之功。

恩格斯，第 30 卷 420 页

我一点也不知道海尔曼和摩里茨 ① 在大学里学习。他们上几年学是完全没有害处的。如果他们以后想经商，他们的知识对他们只会有好处；旧的商业偏见认为，似乎要经商就必须首先练习三年抄写，写得一手漂亮字，讲蹩脚的德语，并且非常愚昧无知，这在最近二十年已被彻底打破。如果他们想做别的什么事情，他们也会有最广阔的前程。

恩格斯，第 34 卷 224 页

自学往往是空话，如果不是系统地钻研，那就得不到任何重大成就。

恩格斯，第 27 卷 576 页

自学越深入下去，就越能找到最好的门径，知道下一步该怎么学了。

恩格斯，第 36 卷 200 页

---

① 恩格斯弟弟海尔曼·恩格斯的两个儿子。

波恩大学的一座教学楼，马克思常在这里听课

　　这些对开本，甚至不用你去阅读，仅仅凭它那少有的巨大篇幅就足以打动（正如哥德式建筑一样）你们的心弦，使你们惊异不置。这些天生的庞然大物对精神是能起某种物质的作用的。精神感觉到质量的重压，这种压力感就是崇拜的开端。不是你们掌握着这些书籍，而是这些书籍掌握着你们。你们成了书籍的附属品。

马克思，第 1 卷 38 页

63. 代沟

　　教育中需要解决的一个很大的问题，即年长者与青年人之间的代沟问题。恩格斯指出，鼓励青年人热情地开辟自己的道路，这是解决矛盾的最好方法。他建议把学生送出国接受教育，以摆脱地方偏见。

　　人民生命的源泉——青年。

马克思，第 5 卷 368 页

　　我一向赞成把有抱负的青年人送到国外去，使他们能开扩眼界并摆脱在祖国必然会产生的地方偏见。

恩格斯，第 35 卷 352 页

马克思的小女儿爱琳娜

我们的未来比任何时期都更多地取决于正在成长的一代，因为他们必须解决日益增长的矛盾。的确，老年人非常抱怨青年人，青年人也确实很不听话；可是，让青年人走自己的路吧，他们会找到自己的道路的，谁要是迷了路，那只能怪他自己。要知道新的哲学是青年人的试金石；他们要以顽强的劳动去掌握新的哲学，同时又不丧失青年人的热情。谁害怕思想之宫所在的密林，谁不敢持利剑冲进密林又不敢以热吻来唤醒沉睡的公主，谁就得不到公主和她的王国；……只有这样的热情才是真正的热情：它像苍鹰一样，不怕思辨的乌云和抽象顶峰的稀薄空气，朝着真理的太阳飞去。

恩格斯，第 41 卷 175 页

64. 知识与愿望

知识不是天然长在人的脑袋里的，因而需要后天的学习。我们所说的知识，是一切已创造出来的科学（包括人文－社会科学）知识，不是一般的生活经验的积累；学习，指的是一般意义的学习，不是专指学校教育。

马克思和恩格斯认为，知识是无价的，无知是负数，是迷信之母，是犹豫不决的基础。只有知识才会促使人产生更大的愿望，拥有知识才能实现社会变革。没有知识的劳动都是微不足道的。学习必须冲破常识范畴，进入理性思考和科学研究的层面。

马克思和恩格斯
作者: 尼·尼·茹可夫

最有用的东西，例如知识，是没有交换价值的。

马克思，第 42 卷 254 页

一般认为，**无知**总是一种缺陷。我们已经习惯于把它看做**负数**。

马克思，第 4 卷 328 页

"无知是迷信之母"[1]。

马克思征引，第 47 卷 314 页

如他[2]在另一个地方所说的，只有消灭了无知，"才能实现伟

---

[1] 英国历史学家 A. 弗格森 (1723—1816) 的话
[2] C. 爱尔维修（1715—1771），法国哲学家。

大的改革"。

马克思,第 2 卷 169 页

孟德维尔[①]在十八世纪初也曾说过:"……知识会使我们产生更大和更多的愿望,而人的愿望越少,他的需要也就越容易满足。"

马克思引证,第 23 卷 674—675 页

孟德维尔的著作《蜜蜂的寓言》封面
(1723 年)

人对一定问题的判断**愈是自由**,这个判断的内容所具有的**必**

---

① 孟德维尔(Bernard Mandeville,1670—1733),英国伦理学和经济学家。

然性就愈大；而犹豫不决是以不知为基础的，它看来好像是在许多不同的和相互矛盾的可能的决定中任意进行选择，但恰好由此证明它的不自由，证明它被正好应该由它支配的对象所支配。

恩格斯，第 20 卷 125 页

马克思

"对付愚蠢，连诸神也束手无策"①。

马克思征引，第 6 卷 19 页

斯宾诺莎②说，无知不是论据。

马克思征引，第 40 卷 218 页

"啊，当知识没有用处的时候，知识是多么可怕！"③

马克思征引，第 29 卷 388 页

"没有**知识**的劳动是微不足道的。"④

马克思征引，第 47 卷 597 页

---

① 德国作家 F. 席勒 (1759—1805) 的剧作《奥尔良的姑娘》中的台词。
② 斯宾诺莎（Baruch Spinoza，1632—1677），荷兰哲学家。
③ 古希腊剧作家索福克勒斯（前 497—前 406) 的剧作《俄狄浦斯王》中的台词。
④ 爱尔兰经济学家 W. 汤普逊 (1785？—1833) 的话。

65. 学习知识

马克思和恩格斯的丰富的知识，并非都是从学校里学到的。马克思读的是大学法律系，他的政治经济学知识基本上是在大英博物馆的图书馆里自学的；恩格斯中学没毕业就被父亲逼着当了商行学徒，他只在 21—23 岁到柏林服兵役时，利用晚上时间旁听过柏林大学的课程，完全自学成才。

19 世纪 50 年代艰难困苦的流亡生活，也正是马克思和革命的流亡者们紧张"充电"的时期。如果没有这段时期的重新学习，就不会有 1867 年的《资本论》第一卷的诞生和 19 世纪 80 年代各国工人运动一批年轻领袖的涌现。

在科学上没有平坦的大道，只有不畏劳苦沿着陡峭山路攀登的人，才有希望达到光辉的顶点。

马克思，第 23 卷 26 页或 33 卷 434 页

现在我认为自己的义务是，通过研究（我要以更大的兴趣继续进行研究）去越来越多地掌握那些不是先天赋予一个人的东西。

恩格斯，第 27 卷 432 页

理论思维仅仅是一种天赋的能力。这种能力必须加以发展和锻炼，而为了进行这种锻炼，除了学习以往的哲学，直到现在还没有别的手段。

恩格斯，第 20 卷 382 页

从早晨九点到晚上七点，我通常是在英国博物馆里。我正在研究的材料多得要命，虽然竭尽一切力量，还是不能在六至八个星期之内结束这一工作。……"头脑简单的人们"靠"从天上"掉下来的灵感，当然不需要下这样的工夫。这些幸运儿为什么要用钻研经济和历史资料来折磨自己呢？因为正如可尊敬的维利希① 所常对我说的，这一切都是**这样简单**。一切都这样简单！不错，在这些空洞无物的脑瓜里确是如此！真是些头脑简单的人！

马克思，第 27 卷 582 页

---

① 维利希（August Willich，1810—1878），德国极左派革命家，后来参加美国内战。

　　我们全部从流亡生活中学到不少东西。自然，我们中间也有一些人遵循这样的原则："我们干嘛要刻苦学习呢，那是马克思老爹的事儿，他的职责就是什么都要懂"。不过，一般说来，马克思派学习是相当刻苦的，当你看到流亡者中间还有些蠢驴，到处猎取一些新词句，因而最后把自己弄得糊里糊涂的时候，我们党的优越性绝对地和相对地增长就显而易见了。

恩格斯，第 28 卷 588 页

马克思在大英图书馆坐过的椅子

　　我现在正在加紧工作，奇怪的是，在种种困苦的包围之下，我的脑袋倒比前几年更好用了。

马克思，第 30 卷 251 页

有些人根本不愿意学习什么东西，只是粗制滥造地写些就书论书、就文论文的东西（现在德国的著作十分之九是评论别人书籍的东西）；而有些人想学点东西，并且只有在他们（1）研究了别人的著作和（2）认为其确有价值时才执笔评论别人的著作；在一年当中前者写的东西，当然要比后者写的东西来得多。

恩格斯，第 36 卷 178 页

自由时间——不论是闲暇时间还是从事较高级活动的时间——自然要把占有它的人变为另一主体，于是他作为这另一主体又加入直接生产过程。对于正在成长的人来说，这个直接生产过程就是训练，而对于头脑里具有积累起来的社会知识的成年人来说，这个过程就是［知识的］运用，实验科学，有物质创造力的和物化中的科学。对于这两种人来说，由于劳动要求实际动手和自由活动，就像在农业中那样，这个过程同时就是身体锻炼。

马克思，第 46 卷下册 225-226 页

单个人必须正确地分配自己的时间，才能以适当的比例获得知识或满足对他的活动所提出的各种要求。

马克思，第 46 卷上册 120 页

外国语是人生斗争的一种武器。

马克思,《摩尔和将军》第 94 页,人民出版社 1982 年版

马克思与恩格斯在工作
作者:尼·尼·茹可夫

恩格斯整理马克思的遗著
作者:尼·尼·茹可夫

　　就像一个刚学会外国语的人总是要在心里把外国语言译成本国语言一样;只有当他能够不必在心里把外国语言翻成本国语言,当他能够忘掉本国语言来运用新语言的时候,他才算领会了新语言的精神,才算是运用自如。

马克思,第 8 卷 121 页

66. 思想火花

格言，即凝聚了深邃思想的简短话语。马克思和恩格斯思想的深邃，一方面表现在大部头的专著上，同时也表现在不断闪现思想火花的格言中。

这里搜集的是一些他们的难以归类的格言。不论他们谈论什么，都充满着事物的辩证法，这是他们格言的明显的特征。

凡是真的东西，都经得住火的考验；一切假的东西，我们甘愿与它们一刀两断。

恩格斯，第 41 卷 204-205 页

力量要受到**斗争**的考验。斗争要受到**胜利**的考验。

> 马克思，第 6 卷 5 页

空谈和实干是不可调和的对立面。

> 马克思，第 35 卷 173 页

**马克思的大女儿
燕妮·龙格**

赞扬只有在批评的衬托下才显得是认真的。

> 马克思，第 29 卷 317 页

在某些情况下，需要有勇气为了更重要的事情而牺牲**一时的**成功。

> 恩格斯，第 33 卷 592 页

诡计是利益用来进行狡辩的伎俩中最活动的因素。

马克思，第 1 卷 163 页

马克思的二女儿劳拉·拉法格

最聪明的人也不能预见到人们可能干的一切蠢事。

马克思，第 32 卷 14 页

我们还差不多处在人类历史的开端，而将来会纠正**我们**的错误的后代，大概比我们有可能经常以极为轻视的态度纠正其认识错误的前代要多得多。

恩格斯，第 20 卷 94 页

任何宗教教义都不足以支持一个摇摇欲坠的社会。

恩格斯，第 22 卷 360 页

良心（这东西是永远不能完全摆脱的）。

马克思，第 32 卷 567 页

恩赐是**充满偶然性的任性**的最高表现。

马克思，第 1 卷 289 页

混淆事实也许是热情狂发时干的事，但篡改事实似乎只有冷静的头脑才能做到。

马克思，第 13 卷 577 页

晚明白总比始终不明白好。

马克思，第 30 卷 148 页

世上一切的诺言都是相对的。

马克思，第 50 卷 474 页

没有无例外的规则。

马克思，第 31 卷 538 页

大自然本身总不会叫树木长得戳破了天。

恩格斯，第 38 卷 38 页

马克思的小女儿
爱琳娜·马克思 – 艾威林

水的不断作用能把最坚硬顽强的岩石冲毁而化为碎石。

马克思，第 12 卷 658 页

直线远不是在所有场合都像数学家所设想的那样是最短的。

马克思，第 33 卷 256 页

沙粒在显微镜下就显得高，宝塔比起山岳来就显得低了。

马克思，第 6 卷 481 页

67. 他人镜鉴

他们格言的另一个特征，表现在对欧洲文学的继承上，并且运用自如。马克思的头脑就像一艘生火待发的军舰，一旦得到命令，就能够立即驶向任何思想的海洋。这也可以用来描述恩格斯，他的头脑本身就是一部百科全书。他拥有如此丰富的知识积累，对那些欧洲文学作品，他自然地脱口而出或信手拈来，他的言语文字中永远有思想的火花在跳动。

"但它①仍然转动着！"②理性在世界历史上终究是无往不胜的。

马克思，第 15 卷 586 页

---

① 地球。
② 意大利物理学家和天文学家 G. 伽利略（1564—1642）在法庭上讲的话。

"坏事之可诅咒，还在于它必然继续产生坏事"①。

马克思，第 29 卷 598 页

"在我们这个富于思考的和论辩的时代，假如一个人不能对于任何事物，即使是最坏的最无理的事物说出一些好理由，那他还不是一个高明的人。世界上一切腐败的事物之所以腐败，无不有其好理由。"②

马克思征引，第 23 卷 292 页

亨·海涅是多么正确，他说："真正的愚蠢也和真正的贤明一样罕见。"

马克思，第 13 卷 464 页

恩格斯 1842 年在曼彻斯特贫民窟了解情况
作者：尼·尼·茹可夫

---

① 德国作家 F. 席勒 (1759—1805) 的剧作《皮柯乐米尼父子》中的台词。
② 德国哲学家 G. 黑格尔 (1770—1831) 的话。

马克思
作者：**潘鸿海**

从伟大到可笑只有一步之差这句法国谚语多么正确。

马克思和恩格斯，第 3 卷 522 页

德国有句谚语："如果周围空无一物，皇帝也失去自己的权力"。

马克思，第 12 卷 726 页

黑格尔曾经说过，实际上，喜剧高于悲剧，理性的幽默高于理性的激情。如果说，林肯① 不具有历史行动的激情，那末，作为一个来自人民的常人，他却具有这种行动的幽默。

马克思，第 15 卷 587 页

---

① 林肯（Abraham Lincoln，1809—1865），美国总统。

图书在版编目（CIP）数据

人所具有的我都具有：马克思恩格斯经典语录 / 陈力丹编著. — 北京：中国人民大学出版社，2018.5

ISBN 978-7-300-25704-4

Ⅰ. ①人… Ⅱ. ①陈… Ⅲ. ①马恩著作–语录 Ⅳ. ①A18

中国版本图书馆 CIP 数据核字（2018）第 067592 号

人所具有的我都具有

马克思恩格斯经典语录

陈力丹　编著

Ren suo Juyou de Wo Dou Juyou

出版发行	中国人民大学出版社			
社　　址	北京中关村大街31号		**邮政编码**	100080
电　　话	010–62511242（总编室）		010–62511770（质管部）	
	010–82501766（邮购部）		010–62514148（门市部）	
	010–62515195（发行公司）		010–62515275（盗版举报）	
网　　址	http：//www.crup.com.cn			
	http：//www.ttrnet.com（人大教研网）			
经　　销	新华书店			
印　　刷	北京联兴盛业印刷股份有限公司			
规　　格	170mm×240mm　16 开本		**版　　次**	2018 年 5 月第 1 版
印　　张	16.25 插页 3		**印　　次**	2018 年 5 月第 1 次印刷
字　　数	130 000		**定　　价**	69.80 元